Olivia Moogk

Feng Shui auf 68 m²

Olivia Moogk

Feng Shui auf 68 m²

Harmonie auf kleinstem Raum

/////////////////////////// SILBERSCHNUR ///////////////////////////

Copyright © 2009 Verlag »Die Silberschnur« GmbH

ISBN: 978-3-89845-270-0

1. Auflage 2009

Gestaltung & Satz: XPresentation, Boppard
Druck: Finidr, s.r.o. Cesky Tesin

Verlag »Die Silberschnur« GmbH
Steinstraße 1 · D-56593 Güllesheim
www.silberschnur.de · Email: info@silberschnur.de

火土金水木

Inhaltsverzeichnis

Vorwort   9

1. Was ist Feng Shui?   11
   Sheng Chi und Sha Chi   14
   Ziele von Feng Shui   15

2. Die Auswahl der Wohnung, Orts- und Straßennamen   17

3. Die Lage des Hauses, in dem Sie wohnen oder wohnen möchten   21

4. Beurteilungskriterien für Grundstück und Haus   23
   Die Grundstücksformen   23
   Prüfung der Hausumgebung   26
   Die beste Feng Shui Lage   27

5. Die richtigen Entscheidungen beim Kauf einer Eigentumswohnung   31
   Fehlende Haus- und Wohnungsecken   33

6. Einrichten nach den fünf Elementen   41
   Das Element Feuer   45
   Das Element Erde   45
   Das Element Metall   45
   Das Element Wasser   46
   Das Element Holz   46
   Die fünf Elemente in Ihrer Wohnung   47

7. Ihre Einrichtung in Farbe, Form und auf Ihr persönliches
Element hin abgestimmt   49
    Vergleichen Sie nun Ihr eigenes Jahres-Element mit dem
    Element des jeweiligen Raumes   57
    Jahreselement Feuer   60
    Jahreselement Erde   64
    Jahreselement Metall   68
    Jahreselement Wasser   72
    Jahreselement Holz   76

8. Richtungs-Feng Shui   81
    Die besten Raumlagen nach den Himmelsrichtungen   81
    Die für Sie besten Richtungen   83
    Hinweise für Ihre Wohnungssuche   87

9. Mit den 8 Richtungen zu mehr Glück   93

10. Einrichten nach Ihrem persönlichen chinesischen Tierkreiszeichen   101
    Charakter und Einrichtung nach den Tierkreiszeichen   101
    Die Ratte   104
    Der Büffel   105
    Der Tiger   107
    Der Hase   108
    Der Drache   110
    Die Schlange   111
    Das Pferd   113
    Das Schaf   114
    Der Affe   116
    Der Hahn   117
    Der Hund   118
    Das Schwein   120

11. 8 Möglichkeiten, das Leben zu verbessern   123
    Das Glück der Freunde   124
    Das Glück der Karriere   127
    Das Glück des Wissens   129

Das Glück der Familie   132

Das Glück des Reichtums   135

Das Glück der Partnerschaft   136

Das Glück der Kinder   140

Das Glück der Anerkennung   141

12. Raum-Feng Shui vom Eingang bis zum Schlafzimmer   143

Farben für Ihre Räume   143

Die Eingangstür   144

Der Flur/die Treppen/die Diele   149

Das Wohnzimmer   151

Die Küche   156

Der Essbereich   158

Das Arbeitszimmer   161

Das Kinderzimmer   163

Das Bad   165

Das Schlafzimmer   167

13. Die verschiedenen Holzarten für Ihre Räume   183

14. Wie schafft man eine Balance von Yin und Yang im Raum?   185

Ihre Einrichtung nach Yin und Yang   187

Danksagung   191

Über die Autorin   193

Notizen   195

Anhang   199

火土金水木

Vorwort

Stets habe ich mich zurückgehalten, wenn ich zur Wirkung von Feng Shui auf die Gesundheit Auskunft geben sollte. Doch die vielen Briefe, die Anrufe und Gespräche mit meinen Klienten haben mir gezeigt, dass Feng Shui sehr wohl einiges für Ihr Wohlergehen, Ihre Gesundheit und Ihr Familienglück beitragen konnte.

Eine Klientin von mir litt beispielsweise unter immer wiederkehrenden Kopfschmerzen. Ihr half mein Buch »Der große Feng Shui-Ratgeber«, wie sie mir auf dem letzten Feng Shui-Kongress mitteilte. Sie hatte alle Giftpfeile eliminiert, das Bett unter dem Balken weggerückt und ihre günstige Schlafrichtung eingenommen. Sie hatte gründlich entrümpelt und sich danach, wie sie sagte, wie neugeboren gefühlt!

Eine andere Klientin wollte gerne Kinder bekommen. Doch obwohl von Seiten der Medizin keine Bedenken bestanden, weder bei ihr noch bei ihrem Mann, wollte sich der Kindersegen nicht so recht einstellen. Sie hatte sich nach einem Vortrag von mir mein Buch »Beauty-Feng Shui« gekauft, weniger in der Hoffnung, auf eine Lösung ihres Problems zu stoßen, als vielmehr, um sich allgemein über das Thema zu informieren und ihr Umfeld zu optimieren. Zunächst hatte sie sich mit den Ernährungshinweisen in dem Buch beschäftigt hätte und anschließend mit den Übungen. Dann habe sie die Farben in ihrem Schlafzimmer geändert und an die Westwand ein Bild von Kindern gehängt. Im Westen des Wohnzimmers habe zudem ein Aquarium Einzug gehalten, und sie habe dies als sehr wohltuend empfunden. Ein halbes Jahr später war sie schwanger!

Die Inhaberin einer großen Verlagsgruppe saß in ihrem Büro ursprünglich mit dem Rücken zur Tür, um die schöne Aussicht zu genießen. Nachdem sie aber das »Business-Feng Shui« gelesen hatte, stellte sie den Schreibtisch mit Blick zur Tür um und saß mit dem Rücken zur Wand, was ihre Rückenbeschwerden schwinden ließ.

Eine Familie im Rheingau war ständig an Grippe erkrankt. Das Problem bestand hauptsächlich darin, dass die Räume zu trocken waren. Ein Luftwäscher und ein Zimmerbrunnen im Wohnzimmer, neben kleineren Feng Shui-Maßnahmen, lösten das Problem dauerhaft (Bezugsadresse siehe Anhang).

Sie sehen, Feng Shui ist ein wirksames Mittel, und die Dankesschreiben meiner Klienten, die ich seit Jahren sammle, lese ich hin und wieder durch und erfreue mich mit meinen Klienten an den Wirkungen. Sollten auch Sie mit meiner Beratung oder durch die Informationen in diesem Buch gute Erfahrungen gemacht haben, so schreiben Sie mir gern, ich freue mich darauf!

Ihre Olivia Moogk

火土金水木

1.
Was ist Feng Shui?

Feng Shui ist das Prinzip von Wind und Wasser, von Yin und Yang, von Himmel und Erde. Über Jahrtausende hinweg werden die Auswirkungen von Wind und Wasser auf Häuser und Menschen beobachtet. Feng Shui untersucht die Landschaft, die unmittelbare Umgebung, die Häuser und die Wohninnenräume in Bezug zu den Menschen, die in diesem Umfeld leben. Dadurch unterstützt es das Leben der Menschen durch die Harmonisierung innerer und äußerer Faktoren und trägt maßgeblich zu deren Wohlergehen bei.

Feng Shui ist eine jahrtausendealte Kunst und Wissenschaft, die darauf abzielt, die Energie, Chi genannt, die im Menschen genauso wie in seiner Umgebung vorkommt, zu studieren und in Einklang zu bringen. Dazu ist es natürlich notwendig, dass man zunächst erkennt, was störende Energien sein können, um diese zu eliminieren und andererseits wohltuendes Chi anzuziehen.

Da Chi aber nicht mit dem bloßen Auge zu sehen ist, möchte ich Ihnen zunächst diese einzigartige Kraft näher beschreiben. Chi ist eine pulsierende Energieform, die für das menschliche Auge unsichtbar ist. Sie durchpulst die Landschaft, den Raum und den Körper. Sie bewegt sich wirbelnd, mal sammelnd, mal beschleunigt oder verlangsamt, vergleichbar mit den unterschiedlichen Formen, die Wasser oder Luft annehmen können – woher auch der Vergleich rührt, dass

Feng Shui das Prinzip von Wind und Wasser ist. Wobei der Wind alle Kräfte bezeichnet, die von oben, von himmelwärts kommen und den Yang- oder Pluspol bilden, das Wasser wiederum, das unten auf der Erde fließt, ist dem Yin- oder Minuspol zugeordnet.

Diese Polaritäten sind entscheidend für die Entstehung der Jahreszeiten. Sie formen und verändern die Materie in der sicht- und unsichtbaren Wirklichkeit. Sie wechseln alle zwei Stunden in Ihrem Körper, um Ihre Batterien aufzuladen; einen Ausdruck findet diese Polarität auch im Aus- und Einatmen. Wir sehen zwar die Meridiane nicht, die den Körper mit wechselnder Yin- und Yang-Energie durchströmen – und doch sind sie da.

Wir haben jedoch nicht nur einen Wechsel der Energien im Zweistunden-Rhythmus im Körper. Auch die Wechsel in der Natur, wie der Wechsel von Tag und Nacht, von Sommer und Winter, von Hitze- und Kälteeinflüssen, wirken auf unseren Organismus ein. Schon Goethe sagte: »*Müsset in Natur betrachten, immer eins wie alles achten, nichts ist drinnen, nichts ist draußen, denn was innen, das ist außen. So ergreifet ohne Säumnis, heilig, öffentlich Geheimnis.*«

Zu Zeiten, als wir noch steinzeitliche Jäger und Sammler waren, befanden wir uns in engstem Kontakt mit den äußeren Energien. Wir spürten den Wechsel der Jahreszeiten unmittelbar und luden unsere Batterien in der Natur auf. Selbst noch vor hundert Jahren hielt sich der Mensch mehr in der freien Natur auf als heute. Laut dem Statistischen Bundesamt in Wiesbaden ist es so, dass wir im Durchschnitt gerade einmal 20 Minuten durchschnittlich am Tag an der Luft verbringen, ausgenommen sind hier selbstverständlich Hundehalter, Fahrradfahrer, Jogger und so weiter. Wir verbringen allein acht Stunden im Bett, in unseren vier Wänden, weitere acht Stunden in einem Büro oder anderen Räumen. Selbst die verbleibenden weiteren acht Stunden des Tages sind wir nicht etwa an der frischen Luft, um Bäume zu umarmen, das Wasser der Flüsse und Bäche zu riechen und plätschern zu hören oder uns die frische Brise eines Wald- oder Feldareals um die Nase wehen zu lassen. Wir steigen vielmehr morgens ins Auto oder die Bahn, arbeiten und steigen wieder in ein Fahrzeug, um dann einkaufen zu gehen oder notwendig anfallende Arbeiten im Haus zu verrichten. Selbst wer abends ausgeht, ist wieder in Räumen – mal mehr, mal weniger verraucht. Letztendlich befinden wir uns in der heutigen Zeit fast ausschließlich in Räumen.

Der Mensch ist aber nicht dafür geschaffen, nur in Räumen zu sein. Unser Organismus braucht den Austausch mit den elementaren Kräften der Natur: Erde, Feuer, Metall, Wasser und Holz. Deshalb müssen wir die Natur in den Raum bringen!

Hilfe bietet hier das alte Wissen des Feng Shui, womit Sie die Elemente wieder in Ihre Räume einbringen und dort Kraft aufbauen lassen können. Daher heißt es: Wir müssen uns mit der Energie der Räume beschäftigen! Feng Shui, und hier insbesondere die Elementelehre, enthält alles, was wir wissen müssen, um nicht mehr länger von Räumen ausgelaugt zu werden und unsere Kräfte schwinden zu sehen.

Daneben gibt uns Feng Shui aber auch Antworten auf wichtige Fragen der mentalen Krafterhaltung. Denn auch die Gedanken sind Energien, die, wenn wir uns ihrer nicht bewusst sind, verheerende körperliche Auswirkungen haben können. Wir können und müssen davon ausgehen, dass alles, was uns umgibt, Energie ist, die mit unserem inneren Energiesystem in Resonanz steht. Denken Sie beispielsweise negativ, so wird auch Ihr Energiesystem von ebensolchen Gedanken infiltriert, verunreinigt und geschwächt. Allein die Tatsache, dass jemand beispielsweise immer über die Hiobsbotschaften der Nachrichten spricht, statt sich mit aufbauenden Gedanken zu beschäftigen, schwächt die Energie des Organismus. Wer meint, dass man eben mit siebzig seine Alterskrankheiten haben muss, bereitet seinen Körper darauf vor, Recht zu behalten. Nach dem Prinzip der Resonanz ziehen Sie genau das an, was Sie befürchten; Gedanken haben eine immense Macht! Denn nicht die Materie ist die Realität, sondern Schwingungen sind es, was auch zahlreiche Forschungen bereits bestätigt haben. Ein Wort weltberühmter Wissenschaftler zum Thema: **Max Planck** sagte: »... tatsächlich gibt es überhaupt keine Materie, alles besteht aus Strahlung.« Und auch **Albert Einstein** äußerte sich zum Thema: »Was sich unseren Sinnen als Materie darstellt, ist in Wirklichkeit eine hohe Konzentration an Energie auf kleinstem Raum.«

Sheng Chi und Sha Chi

Wir können also gar nicht anders, als die Tatsache, dass alles Schwingung ist, als gegeben anzunehmen. Demnach sind natürlich auch Gesundheit oder Krankheit, Erfolg oder Misserfolg nur jeweils andere Schwingungsgrade. Sehen Sie nachfolgend, was aufbauendes Sheng Chi und was störendes Sha Chi mit sich bringt.

Sheng Chi	Sha Chi
lebensspendende Kraft	lebensfeindliche Kraft
positive Energie	negative Energie
Sauberkeit	Schmutz
Ordnung	Unordnung
Frische	Fäulnis
Harmonie	Disharmonie
Aufbau/Synthese	Abbau/Zersetzung

Abwehr von Sha Chi

Im Inneren eines Hauses achten Sie bitte auf folgende Parameter, die dazu führen können, dass Sie sich Sha Chi und seinen Wirkungen aussetzen:

⊙ Lassen Sie abgestandene Luft aus Ihren Räumen, und füllen Sie diese mit Frischluft.

⊙ Entfernen Sie jeglichen Unrat und Müll.

⊙ Entstauben Sie auch die Blätter Ihrer Pflanzen in Ihrer Wohnung.

⊙ Sorgen Sie dafür, dass alles im Haus funktioniert (tropfende Wasserhähne, Uhren, Haushaltsgeräte etc.).

⊙ Halten Sie Ausschau nach ungünstig liegenden Balken.

⊙ Abgebröckelter Putz, verschmierte Wände und abgenutzte Beläge erneuern Sie am besten gleich.

⊙ Trennen Sie sich von Menschen aus Ihrem Umkreis, die destruktiv handeln und denken.

Ziele von Feng Shui

- ⊙ Gesundheit, mehr Energie und Lebensfreude
- ⊙ harmonische Paarbeziehungen
- ⊙ gute Familienbeziehungen
- ⊙ Unterstützung der Karriere
- ⊙ Unterstützung der Kinder
- ⊙ Förderung des Kreativitätspotenzials
- ⊙ Stressreduzierung

Ich werde Ihnen in den nachfolgenden Kapiteln detailliert zeigen, wie Sie erkennen können, was Ihre Energie, Ihr Chi beeinflusst, und so können Sie selbst das Ruder in die Hand nehmen und Ihr Schicksal lenken. Sie werden erfahren, wie sich Ihr Jahreselement, Ihr Ming Kwa-Element und Ihr Tierkreiszeichen auf die Einrichtung Ihrer Wohnung auswirken. Sie werden wertvolle Hinweise dazu erhalten, wie Sie mehr Gesundheit, mehr Glück und Harmonie in Ihre Räume bringen können.

Beginnen Sie zunächst damit, sich mit Ihrer Umgebung vertraut zu machen. Finden Sie beispielsweise heraus, welche Bedeutung der Name Ihres Ortes und der Straße, in der Sie wohnen, hat. Machen Sie sich Ihre Umgebung bewusst. Anschließend werden wir das Innere Ihrer Wohnung betrachten.

2.

Die Auswahl der Wohnung, Orts- und Straßennamen

Sie sind auf der Suche nach einem neuen Domizil? Dann sollten Sie sich den Namen des Ortes, in den Sie ziehen möchten, genauer anschauen. Wie wirkt der Ortsname auf Sie, und welche Bedeutung hat er? Generell gilt: Der Ortsname sollte wohlklingend und von seiner Bedeutung her erhebend und aufbauend sein.

Ortsnamen

Ein Beispiel für eine sehr schöne Namensherleitung hat München: Dort, wo sich heute die Stadt München befindet, gab es bereits vor gut 4000 Jahren frühe Siedlungen. Als schließlich 1158 die Stadt München gegründet wurde, gab es auf dem Petersberg eine Ansiedlung von Mönchen, die dort schon seit dem achten Jahrhundert lebten. Der früheste schriftliche Beleg des Ortsnamens stammt aus dem Jahr der Gründung, von 1158 und lautet *apud Munichen*. »Apud« ist eine lateinische Präposition und bedeutet »bei, in der Nähe von«. »Munich« ist ein althochdeutsches Wort, das sich auch im Mittelhochdeutschen erhalten hat und später mit dem Aufkommen des Umlautes zu »Münich, Münech, Münch« wurde. Mit dem Neuhochdeutschen hat es sich zum heutigen Wort »Mönch« entwickelt. Der Name *München* bedeutet also, der Ort »bei den Mönchen«.

Sehen wir uns noch zwei weitere Bedeutungen von Städtenamen an, z. B. Köln. Erste Siedlungen dort, wo sich heute Köln befindet, sind schon sehr früh bezeugt, in vorchristlicher Zeit lebten hier germanische Stämme. Um das Jahr 57 v. Chr. dehnte sich das Römische Reich jedoch bis zum Ufer des Rheins aus, und der den Römern freundlich gesinnte germanische Stamm der Ubier siedelte sich nun westlich des Rheins an. Wahrscheinlich im Jahre 38 v. Chr. wurde eine städtische Siedlung gegründet, die *Oppidum Ubiorum*, wobei *oppidum* das lateinische Wort für eine »kleine Stadt« ist. Im Jahre 50 n. Chr. wurde diese Siedlung dann durch den römischen Kaiser Claudius und auf Betreiben seiner Gattin, der römischen Kaiserin Agrippina, zur *Colonia* (lateinisch, eine angelegte Stadt außerhalb Roms, zumeist als Ergebnis einer Eroberung) erklärt. Sie bekam den lateinischen Namen *Colonia Claudia Ara Agrippinensium*: »Kolonie von Claudius, Altar der Agrippinenser«, kurz CCAA. Im alltäglichen Gebrauch etablierte sich der Name *Colonia* ab dem 5. Jahrhundert und entwickelte sich später zu *Köln*.

Der Name Berlins leitet sich dagegen von einer Besiedlung mit Slawen ab, die dort etwa zu Anfang des achten Jahrhunderts heimisch wurden. Auch auf den trockenen Flächen der Sumpfgebiete zwischen dem Teltow und dem Barnim siedelten sie sich an. Auf der rechten Uferseite der Spree entstand die Siedlung Berlin, und auf einer Spreeinsel die Siedlung Cölln. Bereits zum Ende des 12. und zum Anfang des 13. Jahrhundert finden sich weitere Siedlungen, die später zum Stadtgebiet Berlins gehören sollten, erwähnt sind: 1197 Spandau, 1209 Köpenick und 1237 Cölln. Die erste urkundliche Erwähnung des Ortes »Berlin« erfolgte 1244.

Ein weiterer Beleg von 1288 zeigt den Ort 1288 als *Berlyn*. Da der Ort in slawischem Siedlungsgebiet lag, lässt sich auch der Ortsname aus einer slawischen Sprache, genauer aus dem Altpolabischen, erklären. Zugrunde liegt die Wurzel »brl«, die als »Morast, Sumpf« verstanden werden kann, mit einem in Ortsnamen typischen Suffix: *(i)n*. Dem Namen nach ist Berlin also der »Ort im Sumpf«.

Wenn Sie die Bedeutung des Namens Ihrer Stadt kennen, so werden Sie eine besondere Beziehung zu ihr aufbauen. Oder, wenn Sie die Wahl haben, dort erst gar nicht hinziehen, z. B. nach »Poppenhausen« oder nach »Elend« in den Harz. Auch nicht nach »Pissen« in Sachsen, »Drogen« oder »Weltwitz« nach Thüringen. Was haben sich die Gemeinden bloß dabei gedacht? Nicht ganz so dramatisch, aber doch kurios sind Städtenamen wie beispielsweise »Linsengericht« und »Lederhose«.

Namen sind also weder Schall noch Rauch, sondern sie stehen in Resonanz mit Ihnen!

Straßennamen

Genau aus diesem Grund sollten Sie sich daher auch den Namen der Straße genau ansehen, in die Sie ziehen möchten. Es gibt »das Glück begünstigende« positive Straßennamen – und Namen mit einer negativen Ausstrahlung:

positive Straßennamen	negative Straßennamen
Glücksburgstraße	Friedhofsweg
Goethestraße	Hassweg
Goldammerweg	Habichtstraße
Erlenweg	Hexweg
Grüner Weg	Höllenweg
Im Eichholz	Arme-Sünder-Gasse
In den Gärten	Krummer Weg

Kurios sind dagegen schon Namen wie »Kaffeegässchen«, »Am Himmelreich« in Wertingen oder die »Taxistraße« in Augsburg.

Ich selbst habe mit meiner Familie in der »Annemarie-Goßmann-Straße« gewohnt und mich mit dem Namen beschäftigt. Kurze Zeit später wurde ich zum Bürgermeister gerufen – Herrn Goßmann; es ging um einen Bebauungsplan für den »Platz der deutschen Einheit« in Wiesbaden. Er wollte eine Feng Shui-Bauplanung für diesen Platz – und er bekam sie auch. Auch dies ist kurios, es ist aber meine Überzeugung, dass alles Energie ist und wir das anziehen, was wir aussenden oder mit dem wir uns beschäftigen.

火土金水木

3.
Die Lage des Hauses, in dem Sie wohnen oder wohnen möchten

Das ideale Haus liegt an einem harmonisch wirkenden Ort, rundum geschützt, mit Blick in Richtung Sonne und Wasser. Wenn Sie vor dem Haus stehen, kann dies auch der »Rücken« sein, denn die Häuser in Europa sind häufig so aufgebaut, dass sie den Blick in den Garten haben und den Rücken zur Straße. Alte Villen haben allerdings noch immer die Ausrichtung des »Gesichtes des Hauses« und damit den »Blick« zur Straße. Auf der Garten- oder Rückseite lagen früher meist die Küchen und Bäder. Entscheiden Sie zunächst also, was die »Blick«- und was die »Sitzposition« des Hauses ist, bzw. wo sich der »Rücken« und der »Blick« befinden.

Siehe auch Abbildung im Farbteil, Seite II-III

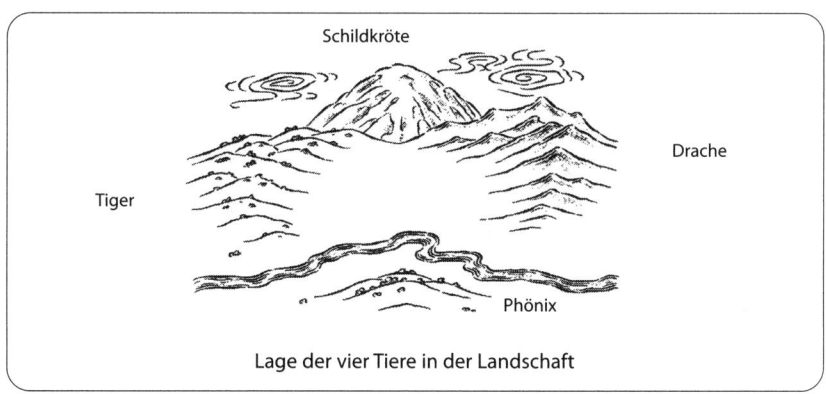

Lage der vier Tiere in der Landschaft

Schwarze Schildkröte

Auf der Rückseite des Hauses sollte sich die schwarze Schildkröte befinden. Die Rückenlehne für das Haus gibt Schutz – genauso wie der Panzer einer Schildkröte. Dies kann ein Berg, eine Baumreihe, ein Nachbarhaus, ein höherer Zaun oder eine Hecke sein, die höher als der Fenstersims ist.

Roter Phönix:

Auf der Blick- oder Gesichtsseite des Hauses sollte sich der rote Phönix befinden. Vor dem Haus sollte sich eine freie Fläche befinden, ein kleiner Erdhügel. Eine Garage vor dem Haus aber blockiert den Chi-Fluss. In Schweden haben die Häuser auf dieser Seite einen Garten und den Zugang zum Haus. In Europa befinden sich hier bei mehrgeschoßigen Häusern die Balkone.

Grüner Drache

Rechts vom Roten Phönix, bzw. rechts der Eingangstür, befindet sich der Grüne Drache. Er ist der mächtige Bewacher auf der Ostseite des Hauses. Idealerweise sollte er größer und dominanter sein als der Tiger, und er muss weit genug entfernt sein, um das Haus nicht zu beengen. Die Drachen-Position wird auch unabhängig von der Himmelsrichtung betrachtet.

Weißer Tiger

Der weiße Tiger befindet sich links vom Roten Phönix, bzw. links von der Eingangstür. Er befindet sich an der Westseite und ist sanfter und niedriger als der Drache. Eine kleinere Hausreihe von weißen Häusern kann beispielsweise den Tiger darstellen. Die Tiger-Position wird auch unabhängig von der Himmelsrichtung betrachtet.

Sind die vier Tiere in der Umgebung des Hauses vorhanden, so spricht man von einer glücklichen Lage.

4.
Beurteilungskriterien für Grundstück und Haus

Bevor Sie sich für eine Wohnung entscheiden, in der Sie die nächsten Jahre oder sogar Jahrzehnte verbringen wollen, sollten Sie sich vergewissern, dass keine störenden Einflüsse vorhanden sind und die Grundstücksform ausgewogen ist, denn ansonsten würden auch Ihr Leben und Ihre Ziele beeinträchtigt werden. Selbst die Nachkommen würden dann noch von einer ungünstigen Grundstücksform betroffen sein – und unter Umständen sogar die Generation der Enkel. Deshalb ist es hilfreich, von vornherein zu wissen, was man vermeiden und beachten sollte, um Gesundheit und Glück anzuziehen.

Die Grundstücksformen

Die ideale Grundstücksform
Das ideale Grundstück nach Feng Shui ist rechteckig. Dadurch sind alle Unterstützungen für das Leben vorhanden, und es entstehen keine Fehlbereiche im Grundstück, die zu Geldmangel, Kinderlosigkeit oder Familienzwistigkeiten führen könnten.

Sehen Sie sich nun zunächst an, welche Wirkung von welchen Grundstücksformen ausgeht.

Das quadratische oder rechteckige Grundstück:
Es gehört dem Element Erde an und steht für Stabilität und Dauer.

Das dreieckige Grundstück:
Es ist nicht sehr Glück verheißend und stellt in seiner Form das Feuerelement dar. Plötzlich auftretende Unglücksfälle könnten die Folge sein.

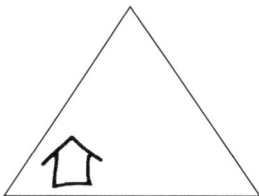

Das lange, schmale Grundstück:
Es bringt Probleme mit sich, da es zum Element Holz gehört und der Erde, den Bewohnern, Kraft entzieht.

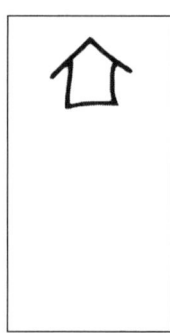

Das L-förmige Grundstück:
Es ist ungünstig, da es ein Rechteck darstellt, dem Ecken fehlen. Man bringt diese Form mit einigen Problematiken in Verbindung, dazu gehören der frühe Tod eines Familienmitgliedes, fehlende Familienharmonie oder mangelnder Erfolg. Je nach dem, welche Ecke des Grundstücks in welcher Himmelsrichtung fehlt.

Um Unannehmlichkeiten auszugleichen, sollten Sie eine Lampe im Außenbereich platzieren, eine Tischgruppe das ganze Jahr auf der Terrasse oder dem Balkon stehen lassen und den Tisch den Jahreszeiten gemäß schmücken. Auch eine Markise und eine Umrahmung des »Fehlbereiches« mit blühenden Sträuchern, könnten heilende Maßnahmen sein.

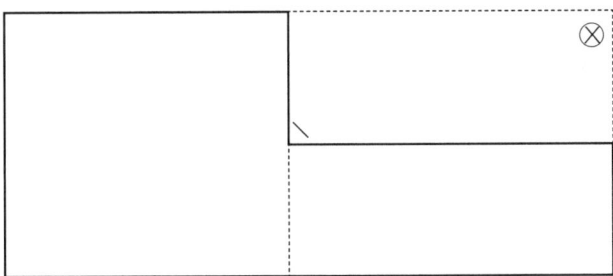

Das kreisförmige Grundstück:
Der Kreis versinnbildlicht das Element Metall und andererseits den Himmel, so dass es sich am besten für Banken und religiöse Gebäude wie z. B. Moscheen eignet.

Achten Sie auch darauf, dass das Haus selbst, in dem Sie wohnen, eine regelmäßige Form hat und im hinteren Teil des Grundstücks nicht schmaler wird; der umgekehrte Fall allerdings ist sogar ausgesprochen günstig: Ist das Grundstück an der Straßenseite zunächst schmaler und wird nach hinten hin breiter, so wird es für Sie und Ihre Kinder bergauf gehen, wenn auch der Anfang beschwerlich und hart sein kann.

Prüfung der Hausumgebung

Folgende Kriterien sollten Sie ausschließen, und in einer solchen Umgebung sollten Sie nicht wohnen:

- an einer Bahntrasse
- am Ende einer Sackgasse
- an einer T-Kreuzung
- in einer engen Kurve
- an einer stark befahrenen Straße
- an der von der Straße abschüssigen Seite
- wo das Wasser schmutzig und stagnierend ist
- in einer Umgebung, in der die Häuser zerfallen sind
- kriminelle Gegenden
- an einem Steilhang oder auf der Spitze des Berges
- zwischen zwei dicht beieinanderstehenden Bergen
- wenn Sie von der Bergseite in Ihr Haus gehen
- an schroffen, spitzen Bergen
- in einer Wohnung, von der aus Sie zwischen zwei Hochhäuser blicken
- in unmittelbarer Nähe von Hochspannungsleitungen
- sichtbare Häuserkanten, die spitz auf Ihre Wohnung weisen
- in einer Wohnungslage mit Blick auf einen Friedhof, insbesondere den Friedhofseingang
- an angrenzenden, leer stehenden und demolierten Häusern
- mit einem Krankenhaus in unmittelbarer Nachbarschaft, besonders umgünstig ist es, wenn Sie sogar auf den Eingang des Krankenhauses schauen

Manches mag Ihnen sofort einleuchten, bei anderen Aspekten ist Ihnen die Bedeutung dagegen vielleicht weniger klar. Daher will ich Ihnen einige Punkte näher erläutern:

An einer T-Kreuzung oder engen Kurve könnten Sie sich von Ihrer Außenwelt angegriffen fühlen und damit aggressiv und gestresst reagieren.

Wenn Sie in einer Sackgasse wohnen ohne Wendehammer, fühlt sich das Leben auch möglicherweise an wie in einer Sackgasse.

Stark befahrene Straßen spülen das Glück förmlich mit sich hinweg und führen zu Hektik und Nervosität. Glücklicher ist in dieser Situation eine Baumreihe zwischen den Häusern und der Straße, die nicht nur die Abgase reinigt, sondern auch als Puffer oder Dämpfer wirkt. Besser ist es aber, in einer Seitenstraße zu wohnen.

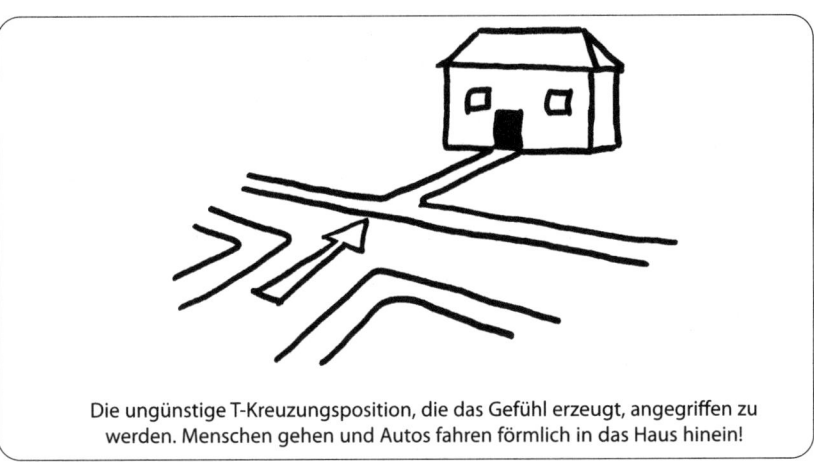

Die ungünstige T-Kreuzungsposition, die das Gefühl erzeugt, angegriffen zu werden. Menschen gehen und Autos fahren förmlich in das Haus hinein!

Die beste Feng Shui-Lage

- Sie wohnen dort, wo es ein fließendes und sauberes Gewässer gibt. *(Siehe auch Seite IV im Farbteil.)*
- Sie wohnen an einer Nebenstraße.
- Sie wohnen auf der ansteigenden Straßenseite.
- Sie haben einen Park oder eine freie Fläche im Blickfeld des Hauses.
- Das Gebäude selbst wird geschützt von einem höheren Gebäude im Rücken und hat einen freien Blick in der Sichtposition.

- Auf der von der Straßenseite aus betrachteten rechten Seite steht ein höheres Gebäude, auf der linken Seite ein niedrigeres.
- Sie wohnen in einem Wohnviertel, in dem die Menschen erfolgreich und glücklich sind.
- Sie wohnen dort, wo die Gebäude intakt sind.
- Sie leben in einer weniger befahrenen Straße.
- Ihr Haus steht in der Nähe von Grünanlagen.
- Sie wohnen in einer Straße, die sich gewunden bewegt, nicht sehr lang ist und einen klangvollen Namen hat.
- Sie leben in Straßenlagen, in denen mit Kübelpflanzen und »Zone 30«-Hinweisen der Verkehrsfluss verlangsamt und ein gewundener Weg hergestellt wird.
- Ihr Haus steht in einer Spielstraße.
- Ihr Wohnhaus bekommt ein angenehmes Licht von der Straße, keinesfalls aber von blendenden Straßenbeleuchtungen oder einer Dauerbeleuchtung durch Neonröhren, Blinklichtern o. Ä.

Ein Meister des Feng Shui wird in jedem Fall die Umgebung prüfen und bei der Wohnungsberatung auch diese Faktoren berücksichtigen.

Nachfolgend noch eine Reihe von Feng Shui-Hinweisen, um das Glück zu verbessern.

Zu vermeiden sind:

Strommasten auf dem Hausdach

Die elektromagnetische Strahlung der Stromkabel dringt bis zu 15 Meter tief in das Gebäude. Sollten Sie unter einem solchen Dach schlafen, so können Sie in der Folge unter Kopfschmerzen, Müdigkeit und Verspannungen im Schulter- und Nackenbereich leiden. *(Schauen Sie im Anhang nach Adressen, die Ihnen helfen können.)*

Satellitenschüsseln

Achtung: Halten Sie einen Mindestabstand von 8 Metern zwischen Schüssel und sich selbst ein, und achten Sie auf eine gute Erdung der Satellitenanlage!

Befestigungen an der Außenwand zum Schlaf- oder Kinderzimmer sind ein gefährlicher Angriff auf die Gesundheit. Viele Menschen haben auch ihre Schüsseln so befestigt, dass sie dahinter stundenlang sitzen und Fernsehen schauen. Der Körper verliert dabei aber rapide an vitaler Energie, und der Mensch fühlt sich zunächst müde und unzufrieden. Auf Dauer nimmt zudem seine Potenz ab, und es können weitere erhebliche Beschwerden auftreten, die zu ernsthaften Krankheiten führen können.

Das Umfeld formt den Menschen, sein Glück und seine Gesundheit.

Ideale Räume gibt es kaum. Denn welcher Raum ist schon sonnig und heiter, hat einen Ausblick ins Grüne und in die Weite, ist frei von Wasseradern, Gitternetzkreuzungspunkten, liegt nicht in der unmittelbaren Nähe von Hochspannungsleitungen und auch nicht an der Autobahn, einer Hochstraße, der Bahnlinie oder am bzw. über einem Tunnel? Hier wohnt es sich nicht günstig – hier sind Ihr Glück und Ihre Gesundheit in Gefahr. Sicherlich kann man einiges verbessern mit Feng Shui, doch in den oben genannten Fällen ist ein Auszug die beste Maßnahme!

火土金水木

5.
Die richtigen Entscheidungen
beim Kauf einer Eigentumswohnung

Sie haben sich entschlossen, eine Eigentumswohnung mit bestem Feng Shui zu kaufen. Wie gehen Sie nun nach Feng Shui-Kriterien vor, um eine im Wert steigende und eine Glück bringende Wohnung zu finden?

Sehen Sie sich zunächst den Ort an, wo Sie diese Wohnung kaufen wollen, und beachten Sie die oben genannten Punkte der Grundstücksauswahl. Der Name des Ortes sollte zudem wohlklingend sein und eine gute, positive Aussage haben. Dann schauen Sie sich das Wohnungsviertel an, ob Geschäfte des täglichen Lebens, eine Parkanlage, ein sauberes Gewässer oder ähnlich gute Feng Shui-Merkmale dort zu finden sind.

Gehen wir davon aus, dass bis hier alles für die Wohnung spricht. Dann schauen Sie sich das Haus nach den Gesetzmäßigkeiten des Feng Shui an: Wie sieht der Aufbau des Hauses aus? Welchen Eindruck macht sein Äußeres auf Sie? Ist es freundlich, offen, einladend? Oder eher verschlossen, abweisend und dunkel? Ist es eine Art »Liebe auf den ersten Blick«? Viele Menschen glauben, dass das äußere Bild des Hauses keine Rolle spielen würde, aber dem ist nicht so. Denn das Haus spiegelt Sie selbst wider, Ihre Wohnung innerhalb dieses Hauskörpers ist erst in zweiter Linie sichtbar. Welche Gedanken auch immer man beim Betrachten des Äußeren des Hauses hegt, man trägt sie in die Wohnung hinein.

Das Äußere des Gesamthauses ist natürlich genauso wichtig wie Ihre Wohnung im Inneren des Hauses. Vielleicht ist die Wohnungstür besonders einladend, die Aussicht wundervoll und die Anlage der Räume nach Feng Shui exzellent, doch es ist dennoch wichtig, dass Sie an dieser Stelle den Experten hinzuziehen. Er wird aufgrund Ihres Geburtsdatums dem Eingang besondere Bedeutung beimessen. Wie kommt das Chi bis zur Tür? Ist der Flur hell und breit, damit das Chi gut zur Wohnungstür gelangt? Ist die Treppenanlage steil und zur Hauseingangstür in direkter Linie, so dass Geld und Möglichkeiten bald wieder wegfließen werden? (Kein gutes Projekt!) Ist der Flur lang, verwinkelt und dunkel? Dann ebenfalls Hände weg, denn das Chi findet hier den Weg nur schwer zu Ihnen.

Überlegen Sie auch einmal, wie die Wegbeschreibung zu Ihnen aussehen würde. Wenn es irgendwelche Holpersteine und Hindernisse in der Beschreibung gibt, dann hat es auch das Chi und damit das Glück schwer, zu Ihnen zu gelangen.

Nun kommen wir zum Grundriss des Hauses; er sollte keine Fehlbereiche aufweisen, genauso wenig wie Ihre Wohnung. Wenn Sie einen Raum betreten, dann sollte er sich in der Blickrichtung beispielsweise nicht verengen. Tief angelegte Schrägen, unter denen Sie weder gut sitzen noch schlafen können, sind ebenfalls ein Aus für die Wohnungsentscheidung. Auch niedrige Deckenbalken können das Glück schmälern.

Um Ihnen all das etwas besser veranschaulichen zu können, wieder ein Beispiel: Ein Rechtsanwalt aus Frankfurt hatte einen Hauseingang mit verwinkelten, dunklen und steilen Treppen, seine Wohnung selbst allerdings hatte eine gute Feng Shui-Lage. Trotzdem mussten sich Schwierigkeiten in seinem Leben ergeben, denn das Chi fand den Weg nicht! Vorbei an Mülltonnen und dunklen Bereichen kam man zu seiner Wohnungstür, die zudem mit Gittern und mehreren Schlössern versehen war. Nach der Beratung zog er schließlich um und war seitdem viel erfolgreicher als zuvor.

Kommen wir zurück zur Tür. Der Feng Shui-Experte hat nun vielleicht festgestellt, dass der Eingang beispielsweise zur östlichen und Sie zur westlichen Lebensgruppe gehören. Falls Sie diese Wohnung, die nicht mit Ihrem Körper in

Resonanz steht, trotzdem nehmen möchten, so ist anscheinend eine geistige Verbindung zu ihr gegeben. Der Experte wird Ihnen Ratschläge erteilen, wie die Zimmeranordnung sein sollte und einen geeigneten Schlafplatz für Sie finden. Danach sollte noch ein Experte im Rutengehen und eventuell ein Schadstoffexperte die Räumlichkeiten untersuchen. Damit weiß der Feng Shui-Experte dann genau Bescheid, welche Plätze für welche Raumnutzung in Frage kommen.

Fehlende Haus- und Wohnungsecken

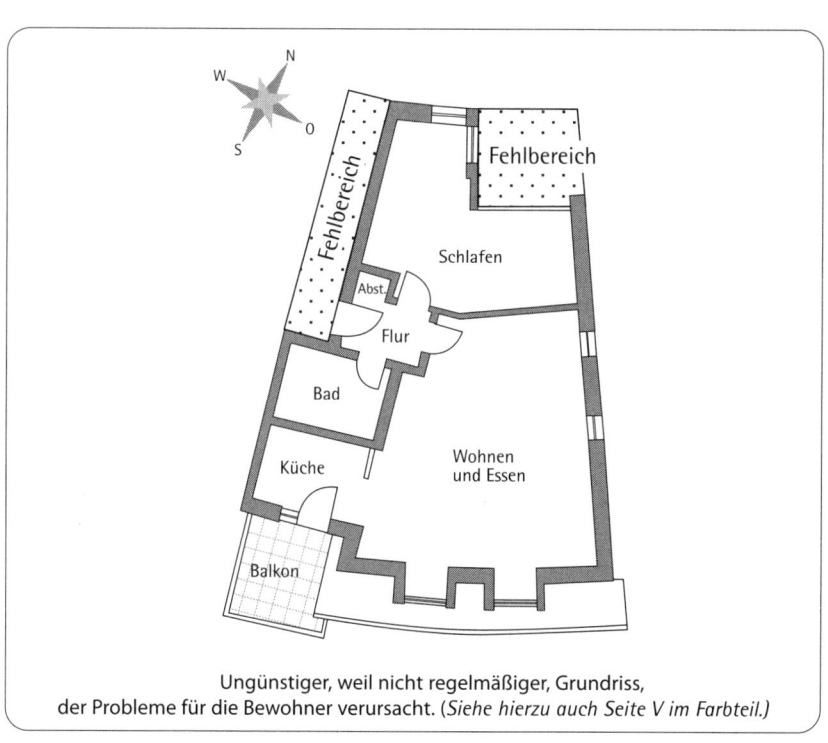

Ungünstiger, weil nicht regelmäßiger, Grundriss, der Probleme für die Bewohner verursacht. (*Siehe hierzu auch Seite V im Farbteil.*)

Die Drittelung

Dritteln Sie zunächst den Grundriss Ihres Hauses. So können Sie sehr schnell feststellen, ob das Haus, in dem Sie wohnen, »Fehlbereiche« oder »hervorgehobene Bereiche« besitzt. Zur Erklärung: Fehlende Ecken entstehen nur da, wo Außenmauern (mehr als) ein Drittel der Gesamtlänge einer Hausseitenwand betragen. Sollten sie weniger als ein Drittel groß sein, so handelt es sich um hervorgehobene Bereiche, also verstärkte Bereiche.

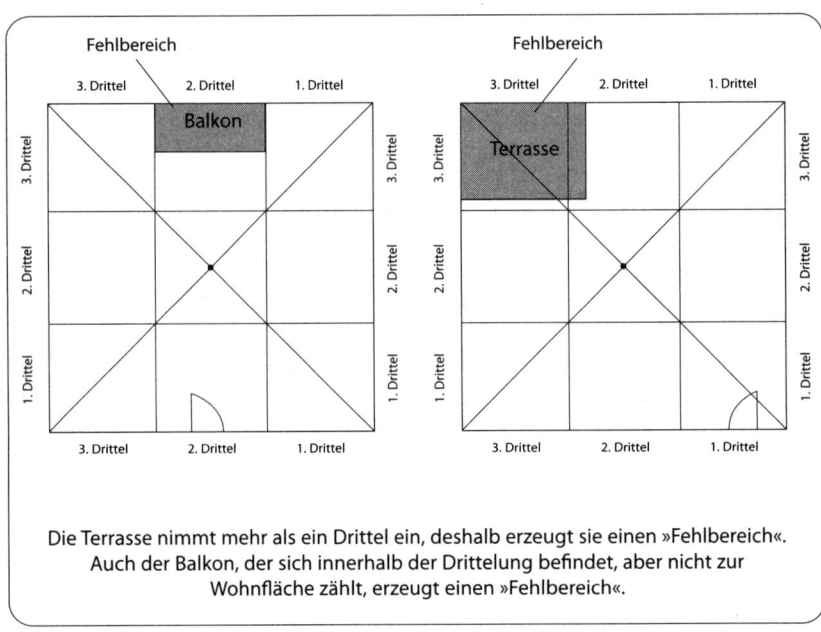

Die Terrasse nimmt mehr als ein Drittel ein, deshalb erzeugt sie einen »Fehlbereich«. Auch der Balkon, der sich innerhalb der Drittelung befindet, aber nicht zur Wohnfläche zählt, erzeugt einen »Fehlbereich«.

Bei einem meiner Klienten dauerten Beziehungen zu Frauen nie länger als drei Monate, obwohl er an einer dauerhaften Partnerschaft interessiert war. Der Grund: Ihm fehlte der Südwest-Bereich, der Erd-Bereich und der Partnerschafts-Bereich. Auch der Nordost-Bereich fehlte in seiner Wohnung, der Wissens-Bereich, was ihn sehr eigenwillig werden ließ. Mit Spiegeln und dem Glücks- oder auch »Türband« sowie mit einem gelben Teppich in der Raummitte, die ebenfalls zum Erd-Bereich zählt, konnte er das Problem beheben.

Hier die Übersicht über die Lebensbereiche und ihre Richtungen, in denen sie wirksam sind

Himmelsrichtung	Element	Zahl	allgemein	Bagua
Norden	Wasser	1	Schildkröte	Karriere, Lebensenergie
Nordosten	Erde	8	Ursprung von Weisheit	Wissen, Weisheit
Osten	Holz	3	Drachenkraft	Familie, Ursprung
Südosten	Holz	4	Schöpfung, Wachstum	Reichtum, Segen
Süden	Feuer	9	Phönix	Ruhm, Anerkennung
Südwesten	Erde	2	weibliche Richtung, die Mutter	Ehe, Partnerschaft
Westen	Metall	7	Tiger	Kinder, Projekte
Nordwesten	Metall	6	männliche Richtung, Autorität, der Weise	Helfer, Freunde

Süden/Feuer-Energie	Ruhm, Anerkennung
Südwesten/Erd-Energie	Partnerschaft, Ehe, Bereich der Frau/Mutter
Westen/Metall-Energie	Kinder, Projekte
Nordwesten/Metall-Energie	Helfer, Geschäftspartner, Bereich des Mannes/Vaters
Norden/Wasser-Energie	Karriere, Lebensenergie
Nordosten/Erd-Energie	Wissen
Osten/Holz-Energie	Gesundheit, Familie
Südosten/Holz-Energie	Geld, Segen

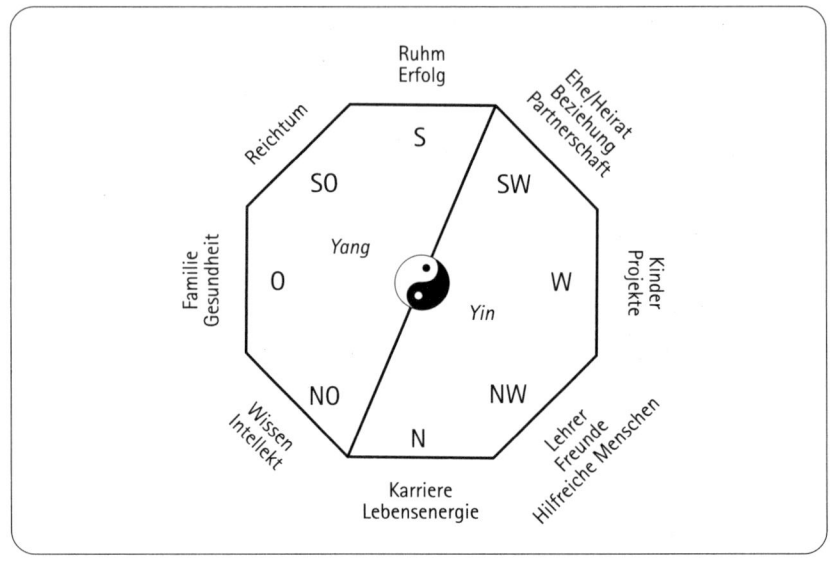

Jede Ecke hat aber auch einen Bezug zu den Lebensthemen:

⊙ Die Nordwestecke ist der Bereich, der ausdrückt, wie unser Verhältnis zu den Mitmenschen ist.

⊙ Die Südwestecke zeigt, wie wir Partnerschaft begreifen.

⊙ Die Nordostecke zeigt unseren Umgang mit den spirituellen Themen des Lebens an.

⊙ Die Südostecke zeigt unsere Einstellung zu Reichtum und Fülle.

⊙ Die Nordecke zeigt an, wie wir dem Thema Entwicklung und Lebensenergie gegenüberstehen.

⊙ Die Südecke zeigt an, wie wir das Thema »Anerkennung unserer Leistungen« definieren.

⊙ Die Westecke weist auf unsere Einstellung zu Kindern hin und wie wir unsere zukünftigen Unternehmungen fördern wollen.

⊙ Die Ostecke steht für unsere Einstellung und die Beziehungen zu den Familienmitgliedern (auch unserer Ursprungsfamilie) und unsere Auffassung von Gesundheit.

Sehen Sie hier die Bedeutungen der einzelnen fehlenden Wohnungsecken:

Süden

Sie könnten wenig Profil haben und die Gewohnheit annehmen, von jemand anderem zu leben.

Südwesten

Wenn Sie allein sind, kann es Schwierigkeiten geben, einen Partner zu finden. Sollten Sie in einer Beziehung leben, so kann diese ständig durch irgendetwas kurz vor dem Scheitern stehen.

Westen

Ihnen wachsen leicht die Anforderungen mit den Kindern über den Kopf, und Sie könnten darüber hinaus nicht bereit sein, sich ausreichend emotional zu engagieren.

Nordwesten

Freunde könnten Sie im Stich lassen. Auch kann es schwer fallen, Hilfe von außen zu bekommen, entweder bleibt diese völlig aus, oder sie kommt zu spät.

Norden

Ihre berufliche Laufbahn kann behindert sein. Unglückliche Umstände und Unklarheiten können Sie um den Job bringen, aber auch die Unfähigkeit mit Konflikten umzugehen ist hier angezeigt.

Nordosten

Es besteht die Gefahr, dass Sie wichtige Informationen übersehen und Sie in Bezug auf »Weitsicht« einen blinden Fleck haben.

Osten

Es kann viele Probleme und Aufgabenstellungen innerhalb der Familie geben, und Sie kann der »Sorgenschuh« drücken.

Südosten

Es kann die Möglichkeit bestehen, dass Sie nicht auf einen grünen Zweig kommen, trotz immenser Anstrengungen.

Sehen Sie hier die Bedeutungen der einzelnen hervorgehobenen Wohnungsecken:

Süden

Sie könnten eine überzogene Meinung von sich selbst haben, während Sie anderen keinen Spielraum zubilligen. Eine zu starke Ich-Bezogenheit könnte Ihnen viel Kummer bereiten.

Südwesten

Sie könnten dazu neigen, die Dinge in der Partnerschaft komplizierter zu gestalten als sie eigentlich sind. Eigensinnigkeit kann bis zur Trennung führen.

Westen

Wenn Sie Kinder haben, könnten Ihnen Autoritätsprobleme zu schaffen machen. Sollten Sie kinderlos sein, so kann es sich als schwierig herausstellen, Kinder zu bekommen.

Eine kindische Person in Ihrem Umfeld kann Ihre Aufmerksamkeit sehr in Anspruch nehmen.

Nordwesten

Ihre Freunde könnten Ihre Aufmerksamkeit über die Maßen in Anspruch nehmen und Sie öfter außer Haus bringen. Möglicherweise mischen Sie sich zu sehr in die Angelegenheiten anderer ein.

Norden

Sie stellen mitunter Ihre berufliche Entwicklung über alles andere im Leben, so dass Ihnen zu wenig Zeit für Ihre Familie bleibt.

Nordosten

Durch übermäßigen Wissensdurst könnten Sie andere Gebiete Ihres Lebens leicht vernachlässigen und zu spät feststellen, dass Wissensanreicherung nicht alles im Leben ist.

Osten

Sie könnten Ihre Familienprobleme überbewerten, auch könnte ein Verwandter von außen sich zu sehr in Ihr Familienleben einmischen.

Südosten

Sie haben möglicherweise große Schwierigkeiten, Geld anzusparen.

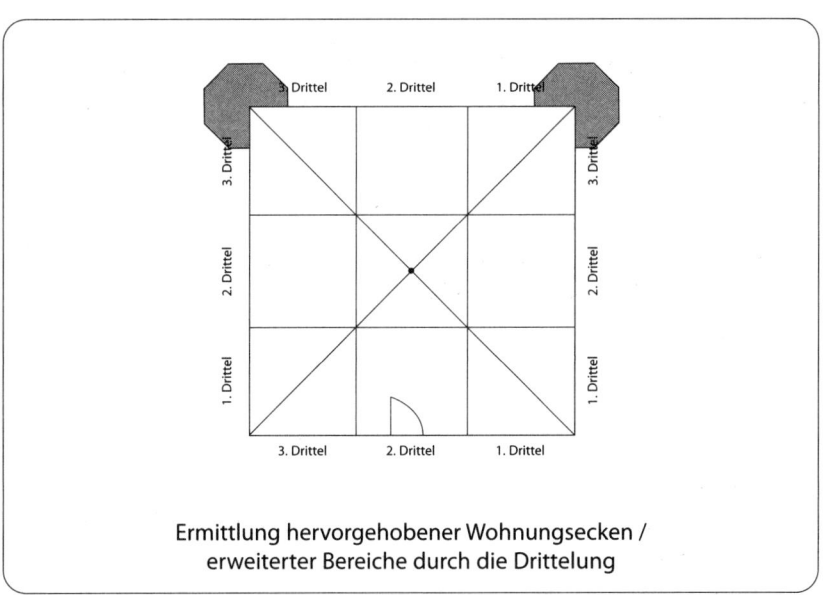

Ermittlung hervorgehobener Wohnungsecken /
erweiterter Bereiche durch die Drittelung

6.
Einrichten nach den fünf Elementen

Die fünf Elemente, auch Wandlungsphasen genannt, gibt es im Körper und auch in der äußeren Umgebung. Das Element Feuer wirkt im Sommer und bringt Licht und Freude; im Körper reguliert es das Herz-Kreislauf-System und den Blutdruck. Das Element Erde wirkt im Spätsommer zur Zeit der Ernte und entspricht dem Sonnenlicht des Nachmittages; im Körper reguliert es die Energie des Magens und der Bauchspeicheldrüse. Das Element Metall wirkt am stärksten im Herbst, wenn die Blätter fallen und sich die Energien in die Erde zurückziehen, sowie am Nachmittag, wenn die Sonne zur Neige geht; im Körper reguliert das Element Metall die Lunge und den Dickdarm. Das Element Wasser ist am stärksten in der Nacht und in der Jahreszeit des Winters ausgeprägt, wenn die Natur sich in sich zurückgezogen hat und die Dunkelheit überwiegt; im Körper reguliert das Element Wasser die Blase und die Nieren. Das Element Holz löst das Element Wasser im Kreislauf der Jahreszeiten ab und bringt am Morgen wie auch im Frühjahr die Energien für das Wachstum in der Natur hervor; im Körper wirkt es regulativ im Bereich der Organe und Meridiane von Leber und Gallenblase.

Sie sehen daran, dass alles mit allem verbunden ist. Deshalb müssen wir bei der Einrichtung auch nach den fünf Elementen vorgehen, um ein Gleichgewicht herzustellen zwischen Ihnen und der Natur sowie den Gegebenheiten um Sie herum.

Sehen Sie hier den »Nähr- und Kontrollzyklus« der Elemente. So unterstützt beispielsweise die gelbe Farbe der Erde das Metall und damit den im Jahr des Metalls geborenen Menschen. Während die Farbe Rot (Feuer) aus dem Kontrollzyklus nur in geringem Maße eingesetzt werden kann.

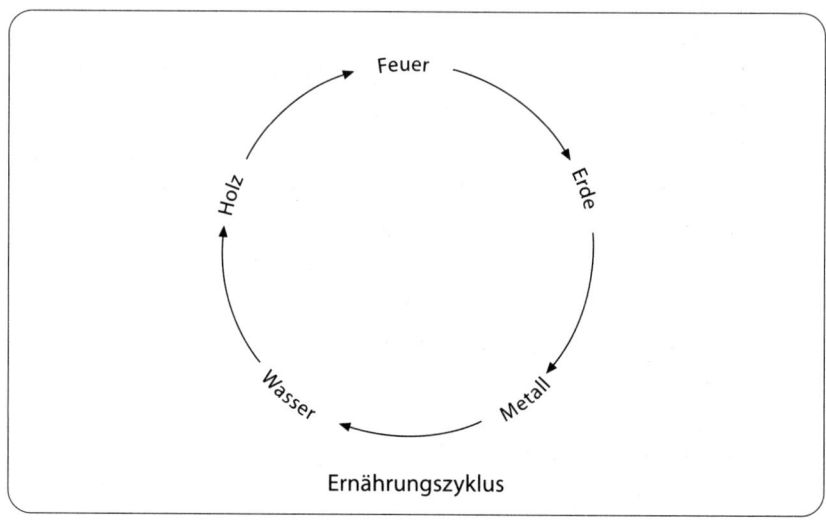

Ernährungszyklus

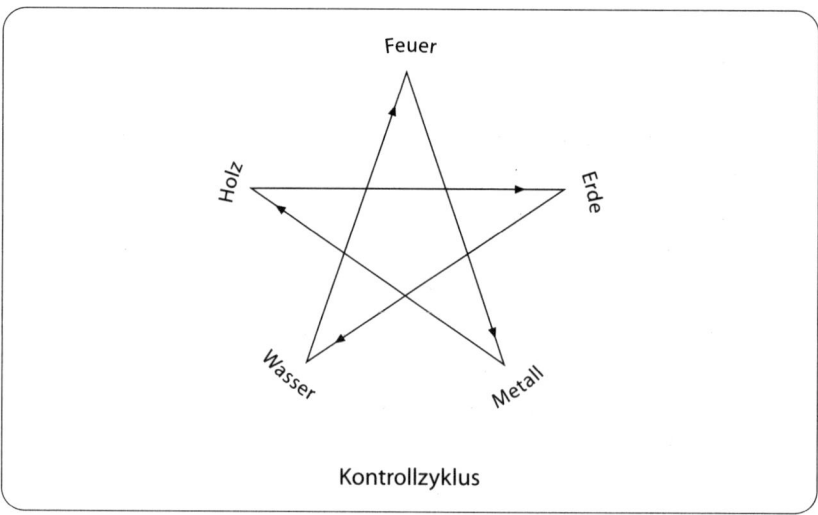

Kontrollzyklus

Sehen Sie hier auf einen Blick die Zuordnung von Farben, Formen und Materialien zu den einzelnen Elementen.

Materialzuordnungen zu den fünf Elementen

Süden	Kerzen, Lampen, Kamin
Südwesten	Sand, Halbedelsteine, Feldsteine, Porzellan, Ton, Gold
Westen	Kupfer, Silber, Metall, Klangspiele, Silberkugeln
Nordwesten	Kupfer, Silber, Gold, Metall, Klangspiele
Norden	Zimmerbrunnen, Wasserbilder
Nordosten	Sand, Halbedelsteine, Feldsteine, Porzellan, Ton
Osten	Holz, Korb, Rattan, Zimmerpflanzen
Südosten	Holz, Korb, Rattan, Zimmerpflanzen

Die Farbenzuordnung zu den Himmelsrichtungen

Süden	Rot
Südwesten	Gelb
Westen	Weiß
Nordwesten	Weiß
Norden	Blau
Nordosten	Gelb
Osten	Grün
Südosten	Grün

Die Formenzuordnung zu den Himmelsrichtungen

Süden	Dreieck/Spitzen
Südwesten	Quadrat/Rechteck
Westen	Kreis/Kugel/rund
Nordwesten	Kreis/Kugel/rund
Norden	unregelmäßige Formen/Wellenform
Nordosten	Quadrat/Rechteck
Osten	Säulen/Längsstreifen
Südosten	Säulen/Längsstreifen

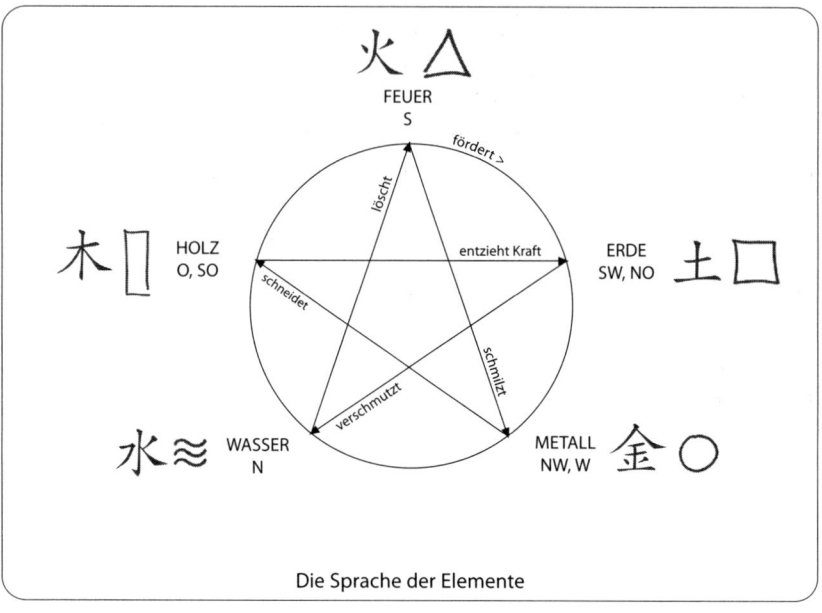

Die Sprache der Elemente

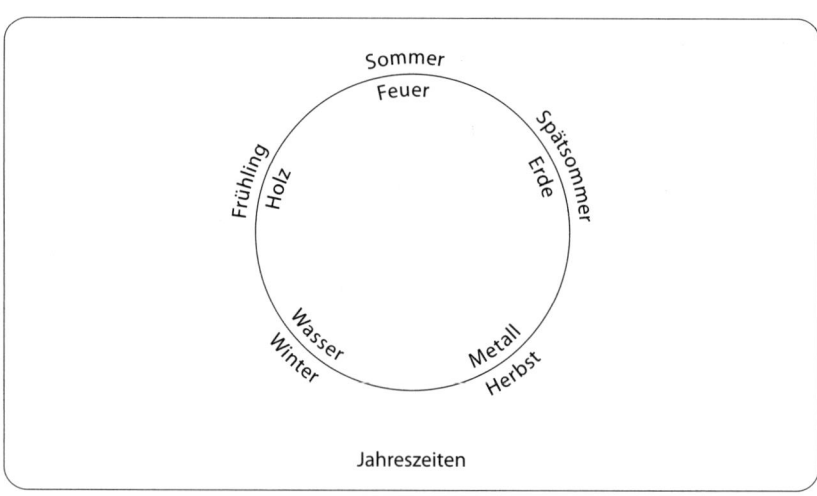

Jahreszeiten

Das Element Feuer

Feuer entspricht dem Sommer, der Wärme und der Freude.

Anerkennung für seine Leistungen zu bekommen ist sehr wichtig für jeden Menschen. Integrieren Sie daher doch auch einmal Ihre selbst gemachten Objekte in diesen Bereich, und hängen Sie beispielsweise Bilder der Sonne auf. Lampen, Kerzen, Öfen und Kamine symbolisieren ebenfalls das Feuer, ebenso wie die Farbe Rot und das Material Leder.

Schauen Sie sich in Ihrem südlichen Wohnraum um. Wie gut ist dieser Bereich beleuchtet? Haben Sie rote Farbtupfer eingebracht, oder meiden Sie die Farbe des Lebens ganz und gar in Ihrer Wohnung?

Das Element Erde

Erde entspricht dem Spätsommer, dem Nachmittag und der Ernte. Das Licht im Spätsommer ist warm und golden. Das Jahr verabschiedet sich von der Glut des Sommers und wird jetzt angenehm mild temperiert.

Das Erd-Element steht mit den Energien der Ernährung, der Mutter und der Partnerschaft in Verbindung. Gegenstände aus Ton, Terrakotta, Halbedelsteine und Feldsteine reflektieren am besten diese Energie. Gelbe und orangene Farbtöne symbolisieren das Licht des Nachmittags.

Schauen Sie sich im Südwesten Ihrer Wohnung um: Wie stark haben Sie bisher die Wärme des Spätsommers in Ihr Haus eingelassen?

Das Element Metall

Das Metall-Element entspricht dem Herbst, die Energie zieht sich in sich zurück. Sie entspricht einerseits der Kraft, die den jungen Mädchen und Kindern innewohnt, andererseits auch dem Patriarchen, der seine angesammelte Kraft in sich trägt.

Sind in den westlich und nordwestlich gelegenen Räumlichkeiten leichte, heitere Farben und Möbel vorhanden? Lassen Sie hier sprichwörtlich den Himmel herein, und sorgen Sie für Helligkeit, weiße Farben und für Glanz.

Das Element Wasser

Dem Element Wasser ist der Norden, die Karriere und die Lebensenergie zugeordnet. Dies hängt damit zusammen, dass wir alle aus dem Wasser stammen und Wasser unsere Lebensgrundlage ist. Wer sich im Fluss des Lebens befindet, ist in seiner Glücksphase. Wer aber gegen den Strom schwimmt, hat es schwer, voranzukommen. Zu viel Wasser kann jegliches Voranschreiten im Leben zunichte machen – und zu wenig lässt das Boot des Lebens auf einer Sandbank verkümmern.

Wasser ist beweglich, leicht, anpassungsfähig und möchte ungehindert fließen. Sie sollten im Norden Darstellungen von Wasser, Wellen und punktuell blaue Farbkleckse wählen, um im Fluss des Lebens zu schwimmen und Ihre Karriere zu begünstigen.

Das Element Holz

Holz entspricht dem Frühjahr und beinhaltet die Energie des Wachstums. Deshalb ist es die Energieform der Familie und des Reichtums.

Die Beschaffenheit der Pflanzen in Ihren Räumen reflektiert den Zustand des Holzes. Schauen Sie sich in Ihrer Wohnung im Bereich des Ostens und Südostens um. Reflektiert die Einrichtung die aufstrebende, frühlingshafte und frische Energie in Form von lindgrüner Farbe und aufstrebenden Linienführungen?

Zur Stimulierung des Holzelementes bedarf es im östlichen Wohnbereich kräftiger Grünpflanzen. Sie können hierfür Topfpflanzen mit großen, runden Blättern oder Schnittblumen verwenden. Vermeiden Sie allerdings tote, getrocknete Blumen, da ihr Energiefluss stagniert. Positiv hingegen wirken sich Blumenkästen vor dem Fenster oder auf der Fensterbank aus. Abgestorbene und kranke Pflanzen sollten aber auch hier sofort ersetzt werden, um die Gesundheit und den Reichtum nicht zu gefährden.

Scharfe Kanten von Wandecken oder Möbeln sollten Sie mit Pflanzen abdecken, sie reduzieren die schädliche Energie «Sha Chi».

Natürlich sollten Pflanzen einen Raum auch nicht dominieren. Achten Sie auf das richtige Verhältnis von Raum und Pflanzen.

Die fünf Elemente in Ihrer Wohnung

Nehmen Sie sich einen Kompass oder Lageplan, auf dem die Himmelsrichtungen verzeichnet sind, und ermitteln Sie die korrekte Lage Ihrer Wohnung.
Bestimmen Sie zunächst den Wohnungsmittelpunkt, und stellen Sie durch die Drittelung fest, wo sich Fehlbereiche oder eventuell hervorgehobene Bereiche befinden.

Tragen Sie jetzt zu den Himmelsrichtungen die Elemente auf Ihren Plan ein:

Süden	Element Feuer
Südwesten	Element Erde
Westen	Element Metall
Nordwesten	Element Metall
Norden	Element Wasser
Nordosten	Element Erde
Osten	Element Holz
Südosten	Element Holz

Nun schauen Sie als Nächstes, in welchem Jahr Sie geboren wurden und welches Ihr persönliches Element ist. Danach können Sie Ihre Einrichtung nicht nur allgemein, sondern auch speziell auf sich abstimmen. Wenn Sie mit mehreren Menschen in einer Wohnung leben, so sollte das Wohnzimmer Elemente enthalten, die für alle Familienmitglieder günstig sind, vor allem aber für die Familienoberhäupter. Persönliche Räume sollten Sie aber auf Ihr persönliches Element hin abstimmen, die Kinderzimmer auf das jeweilige Element des Kindes und das Schlafzimmer auf die Eltern. Bad und Küche gestalten Sie am besten nach den jeweiligen Himmelsrichtungen.

Natürlich gibt es darüber hinaus noch einige Spezial-Regeln, die aber dann Ihr Feng Shui-Berater, vor allem auch bei Problemstellungen, anwenden sollte.

7.
Ihre Einrichtung – in Farbe, Form und Material auf Ihr persönliches Element hin abgestimmt

Schauen Sie zunächst in der Tabelle der Tierkreiszeichen nach, welches Ihr chinesisches Zeichen ist und welches Ihr Element. Lassen Sie uns an dieser Stelle insbesondere auf die Bedeutung der Jahres-Elemente eingehen, deren Kenntnis Ihnen dabei hilft, sich selbst besser mit Farben in Ihren eigenen vier Wänden unterstützen zu können.

Ein Feng Shui-Berater wird im Rahmen einer Feng Shui-Analyse der Räume auch die Elemente der Personen prüfen, um Empfehlungen für die einzelnen Familienmitglieder und die Einrichtung geben zu können. Mit dem Kapitel über die Wirkkraft der Elemente und ihr farbliches Zusammenspiel im Allgemeinen können Sie aber auch einmal selbst versuchen, Ihre unmittelbare Umgebung zu optimieren. Sie können dadurch Ihr eigenes Element besser unterstützen und sich bewusster mit dem Raum, den Farben, den Formen und den Materialien auseinandersetzen. So gelangen Sie zu räumlicher Einheit und Harmonie. Darüber hinaus werden Sie Spaß haben an den Farben und Farbkombinationen ...

Die Jahreselementetabelle in Kombination mit den Ming Kwa-Zahlen gibt wesentliche Aufschlüsse über den ganz individuellen Einrichtungsstil.

Jahr	Beginn	Jahreselement	Tierkreiszeichen	Ming Kwa Beginn	Ming Kwa Männer	Ming Kwa Frauen
1933	26. Januar	Wasser	Hahn	05. Februar	4	2
1934	14. Februar	Holz	Hund	05. Februar	3	3
1935	04. Februar	Holz	Schwein	05. Februar	2	4
1936	24. Januar	Feuer	Ratte	04. Februar	1	8
1937	11. Februar	Feuer	Büffel	05. Februar	9	6
1938	31. Januar	Erde	Tiger	05. Februar	8	7
1939	19. Februar	Erde	Hase	05. Februar	7	8
1940	08. Februar	Metall	Drache	04. Februar	6	9
1941	27. Januar	Metall	Schlange	05. Februar	2	1
1942	15. Februar	Wasser	Pferd	05. Februar	4	2
1943	05. Februar	Wasser	Schaf	05. Februar	3	3
1944	25. Januar	Holz	Affe	04. Februar	2	4
1945	13. Februar	Holz	Hahn	05. Februar	1	8
1946	02. Februar	Feuer	Hund	05. Februar	9	6
1947	22. Januar	Feuer	Schwein	05. Februar	8	7
1948	10. Februar	Erde	Ratte	04. Februar	7	8

Jahr	Beginn	Jahreselement	Tierkreiszeichen	Ming Kwa Beginn	Ming Kwa Männer	Ming Kwa Frauen
1949	29. Januar	Erde	Büffel	05. Februar	6	9
1950	17. Februar	Metall	Tiger	05. Februar	2	1
1951	06. Februar	Metall	Hase	05. Februar	4	2
1952	27. Januar	Wasser	Drache	04. Februar	3	3
1953	14. Februar	Wasser	Schlange	05. Februar	2	4
1954	03. Februar	Holz	Pferd	05. Februar	1	8
1955	24. Januar	Holz	Schaf	05. Februar	9	6
1956	12. Februar	Feuer	Affe	04. Februar	8	7
1957	31. Januar	Feuer	Hahn	05. Februar	7	8
1958	18. Februar	Erde	Hund	05. Februar	6	9
1959	08. Februar	Erde	Schwein	05. Februar	2	1
1960	28. Januar	Metall	Ratte	04. Februar	4	2
1961	15. Februar	Metall	Büffel	05. Februar	3	3
1962	05. Februar	Wasser	Tiger	05. Februar	2	4
1963	25. Januar	Wasser	Hase	05. Februar	1	8
1964	13. Februar	Holz	Drache	04. Februar	9	6

Jahr	Beginn	Jahreselement	Tierkreiszeichen	Ming Kwa Beginn	Ming Kwa Männer	Ming Kwa Frauen
1965	02. Februar	Holz	Schlange	05. Februar	8	7
1966	21. Januar	Feuer	Pferd	05. Februar	7	8
1967	09. Februar	Feuer	Schaf	05. Februar	6	9
1968	30. Januar	Erde	Affe	04. Februar	2	1
1969	17. Februar	Erde	Hahn	05. Februar	4	2
1970	06. Februar	Metall	Hund	05. Februar	3	3
1971	27. Januar	Metall	Schwein	05. Februar	2	4
1972	15. Februar	Wasser	Ratte	04. Februar	1	8
1973	03. Februar	Wasser	Büffel	05. Februar	9	6
1974	23. Januar	Holz	Tiger	05. Februar	8	7
1975	11. Februar	Holz	Hase	05. Februar	7	8
1976	31. Januar	Feuer	Drache	04. Februar	6	9
1977	18. Februar	Feuer	Schlange	05. Februar	2	1
1978	07. Februar	Erde	Pferd	05. Februar	4	2
1979	28. Januar	Erde	Schaf	05. Februar	3	3
1980	16. Februar	Metall	Affe	04. Februar	2	4

Jahr	Beginn	Jahreselement	Tierkreiszeichen	Ming Kwa Beginn	Ming Kwa Männer	Ming Kwa Frauen
1981	05. Februar	Metall	Hahn	05. Februar	1	8
1982	25. Januar	Wasser	Hund	05. Februar	9	6
1983	13. Februar	Wasser	Schwein	05. Februar	8	7
1984	02. Februar	Holz	Ratte	04. Februar	7	8
1985	20. Februar	Holz	Büffel	05. Februar	6	9
1986	09. Februar	Feuer	Tiger	05. Februar	2	1
1987	29. Januar	Feuer	Hase	05. Februar	4	2
1988	17. Februar	Erde	Drache	04. Februar	3	3
1989	06. Februar	Erde	Schlange	05. Februar	2	4
1990	27. Januar	Metall	Pferd	05. Februar	1	8
1991	15. Februar	Metall	Schaf	05. Februar	9	6
1992	04. Februar	Wasser	Affe	04. Februar	8	7
1993	23. Januar	Wasser	Hahn	05. Februar	7	8
1994	10. Februar	Holz	Hund	05. Februar	6	9
1995	31. Januar	Holz	Schwein	05. Februar	2	1
1996	19. Februar	Feuer	Ratte	04. Februar	4	2

Jahr	Beginn	Jahreselement	Tierkreiszeichen	Ming Kwa Beginn	Ming Kwa Männer	Ming Kwa Frauen
1997	07. Februar	Feuer	Büffel	05. Februar	3	3
1998	28. Januar	Erde	Tiger	05. Februar	2	4
1999	16. Februar	Erde	Hase	05. Februar	1	8
2000	05. Februar	Metall	Drache	04. Februar	9	6
2001	24. Januar	Metall	Schlange	05. Februar	8	7
2002	12. Februar	Wasser	Pferd	05. Februar	7	8
2003	01. Februar	Wasser	Schaf	05. Februar	6	9
2004	22. Januar	Holz	Affe	04. Februar	2	1
2005	09. Februar	Holz	Hahn	05. Februar	4	2
2006	29. Januar	Feuer	Hund	05. Februar	3	3
2007	18. Februar	Feuer	Schwein	05. Februar	2	4
2008	02. Februar	Erde	Ratte	04. Februar	1	8
2009	16. Januar	Erde	Büffel	05. Februar	9	6
2010	14. Januar	Metall	Tiger	05. Februar	8	7
2011	03. Februar	Metall	Hase	05. Februar	7	8

Das Konzept der fünf Elemente oder der fünf Harmonien, wie sie auch genannt werden, wird bei einer Feng Shui-Beratung detailliert angewandt. Wer das komplizierte Zusammenspiel beherrscht, kann im Einzelfall stets sofort die richtige Entscheidung für geeignete Veränderungen treffen. So kann es entscheidend sein, ob eine Wand in blau oder orange gestrichen wird, denn dies wird Ihr Raumgefühl maßgeblich beeinflussen. Genauso essenziell ist es, wo Sie einen Zimmerbrunnen aufstellen oder Pflanzen und Licht positionieren.

Im Zentrum der Aufmerksamkeit stehen die fünf Elemente für das Wohlergehen eines jeden einzelnen Menschen. Ein Mensch, im Jahr des Holzes geboren, wird somit andere Bedürfnisse haben als ein Erdgeborener. Lassen Sie uns deshalb nachfolgend zunächst die Elemente des Menschen betrachten sowie die Unterstützungen, die er aus Farben, Formen und Materialien in seinem Umfeld erhalten kann.

Lesen Sie sich noch einmal den Zyklus der Elemente durch (S. 41 ff), damit Sie anschließend besser nachzuvollziehen können, warum einige Elemente förderlich sind und andere nachteilige Wirkungen entfalten.

Ist die Verbindung der Elemente harmonisch aufeinander abgestimmt, so läuft alles reibungslos. Sind beispielsweise die Farben Blau und Grün, Grün und Rot, Rot und Gelb, Gelb und Weiß, Weiß und Blau aufeinander abgestimmt, so empfinden wir den Anblick eines Raumes als harmonisch.

Sind die Kontrollzyklen allerdings im Übermaß tätig, dann kommt es unweigerlich zu Ärger, Disharmonien und Frustrationen.

Elemente und farbliche Unterstützung

Farbe beeinflusst unser Leben und unsere Gefühle. Deshalb ist im Feng Shui-Denken die Farbe einer der Hauptfaktoren zur Harmonisierung von Räumen und zur Steigerung der Ausstrahlungskraft von Menschen.

Die Rezeptoren der Haut erkennen das Licht und damit auch die Schwingungsanteile der darin befindlichen Farbe, sie bewirkt einen Reiz auf den Hypothalamus (Zwischenhirn für vegetative Reaktionen). Endokrine Reaktionen werden hier gesteigert, genauso wie die Hormonproduktion gesteuert, die Atmung, der

Stoffwechsel und der Blutdruck beeinflusst werden. Die energetischen Impulse im Licht sind in der Lage, die Unregelmäßigkeiten, wie Stress und Umweltgifte, im Schwingungsverhalten der Zellen auszugleichen. Unten sehen Sie die Farbelemente, die sich unterstützen. Rot unterstützt beispielsweise Gelb, Gelb das Weiß, Weiß das Blau, Blau das Grün und Grün das Rot. Sind Sie selbst beispielsweise ein Feuermensch, so werden Sie von der Farbe Grün und damit auch vom Element Holz unterstützt.

Farbunterstützungen

Ihr Element ist Holz,
dann sind Grün und Blau für Sie unterstützend.

Ihr Element ist Feuer,
dann sind Grün- und Rottöne für Sie unterstützend.

Ihr Element ist Erde,
dann sind Rot- und Gelbtöne für Sie unterstützend.

Ihr Element ist Metall,
dann sind Grau- und Weißtöne für Sie unterstützend.

Ihr Element ist Wasser,
dann sind Weiß und Blau für Sie unterstützend.

Vergleichen Sie nun Ihr eigenes Jahres-Element mit dem Element des jeweiligen Raumes

Jahreselement und Raumelement

Ihr Jahreselement ist Feuer

Raum Holz: Hier kann man sehr gut arbeiten und kreativ sein. Die berufliche Karriere ist gesichert. Ganz besonders gut ist dieser Bereich für Kinder geeignet.

Raum Feuer: Dieser Raum ist für Yang-Menschen, für Kinder und als Schlafzimmer ungeeignet, da er sehr viel Energie produziert. Für Aktivitäten ist er allerdings ausgezeichnet geeignet.

Raum Erde: Eine wunderbare Verbindung! Hier kann man schlafen, kreativ sein und Energie sammeln.

Raum Metall: Energieturbulenzen sind zu erwarten! Deshalb sollte man diesen Raum nicht als Schlafzimmer benutzen.

Raum Wasser: Unruhe und Unbehaglichkeit können sich hier ausbreiten. Es muss dringend mit Feng Shui-Maßnahmen gearbeitet werden (vor allem mit Erde), um diesen Raum auszugleichen.

Ihr Jahreselement ist Erde

Raum Holz: Vitalitäts- und Leistungsabfall sind hier möglich. Nutzen Sie diesen Raum möglichst nicht als Schlafzimmer!

Raum Feuer: Arbeiten ist in diesem Raum ein richtiges Vergnügen. Sie können diesen Raum auch als Schlafzimmer nutzen, aber die anregende Energie muss dann sanft gedämpft werden.

Raum Erde: Diese Umgebung ist sehr harmonisch und angenehm. Man kann diesen Raum als Büro, Schlafzimmer oder Arbeitszimmer nutzen, denn die sanfte, gute Energie wirkt harmonisierend.

Raum Metall: Dieser Raum ist sehr unruhig und sollte mit dem Element Feuer ausgeglichen werden. Nicht geeignet als Schlafzimmer, zum Entspannen gibt es bessere Räume!

Raum Wasser: Er ist nicht als Ruheraum für Sie geeignet.

Jahreselement Metall

Raum Holz: Dieser Raum ist ein guter Ort für ein Wohnzimmer, weniger gut aber als Schlafzimmer geeignet. Die geeignete Feng Shui-Maßnahme wäre, das Element Wasser einzubringen.

Raum Feuer: Diesen Raum sollten Sie nicht als Schlafzimmer nutzen, sonst könnten finanzielle Misserfolge daraus erwachsen.

Raum Erde: Hier werden Kraft und Vitalität gestärkt, ein sehr guter Raum für ein Schlafzimmer oder Büro.

Raum Metall: Eine harmonische Energie durchzieht den Raum. Die Finanzen wachsen und Rechtsangelegenheiten klären sich zu Ihrem Vorteil.

Raum Wasser: Hier werden Sie langsam, aber sicher ausgelaugt. Sollten Sie morgens müde und erschöpft aufwachen, dann ist das ein sicheres Zeichen für einen Zimmerwechsel.

Ihr Jahreselement ist Wasser

Raum Holz: Halten Sie sich nicht lange in diesem aussaugenden Raum auf. Mit dem Element Metall sollte man hier für einen guten Feng Shui-Ausgleich sorgen!

Raum Feuer: Dieser Raum kann unruhig und krank machen. Meiden Sie diesen Raum als Schlaf-, Meditations- oder Arbeitsplatz!

Raum Erde: Hier könnten Sie sich sehr müde und ausgelaugt fühlen! Vor allem für das Schlafzimmer ungeeignet.

Raum Metall: Eine sehr gute Umgebung für Ruhe und Stabilität. Die Finanzen wachsen und die Kinder gedeihen.

Raum Wasser: Erfrischt und energiegeladen wachen Sie hier aus Ihrem tiefen, gesunden Schlaf auf! Aber auch ein Büro- oder Arbeitszimmer ist hier denkbar, da der Raum Ihre Gesundheit und Arbeitskraft fördert.

Ihr Jahreselement ist Holz

Raum Holz: Harmonie, gut geeignet für Büro- oder Schlafzimmer.

Raum Feuer: Man fühlt sich unruhig und unwohl, gesundheitliche Probleme können die Folge sein. Für Kranke ebenso ungeeignet wie auch als Schlaf- oder Arbeitszimmer.

Raum Erde: Für kleine Aktivitäten geeignet, auch als Schlaf- und Arbeitszimmer, aber nur unter der Voraussetzung, dass Feng Shui-Grundsätze beachtet werden.

Raum Metall: Dieser Raum beherrscht die Person, hier sollte man nicht schlafen. Die Psyche des Menschen kann angegriffen werden, und Krankheiten können daraus entstehen; Nervosität, Streitigkeiten in Familie und unter Kollegen sowie Unfälle könnten die Folge sein. Hier muss man dringend mit dem Element Wasser für Abhilfe sorgen!

Raum Wasser: Dieses ist der beste Platz für ein Schlafzimmer! Auch ein Büro oder Arbeitszimmer könnte sich hier befinden. Vitalität und Kreativität wären die natürliche Folge, wenn man diesen Raum als Schlafzimmer nutzen würde.

Jahreselement Feuer
Wenn Sie in einem Feuer-Jahr geboren sind

Siehe auch Abbildung im Farbteil, S. VI

Feuer geht unter die Haut, ist im Blut und weckt feurige Leidenschaft. Feuer ist warm, wärmt Menschen und Herzen. Der Feuer-Mensch kann begeistern, er kann Heerscharen in seinen Bann ziehen und eine Idee oder Vision vermitteln. Er braucht den Austausch mit anderen, und Kommunikation ist für ihn die Lebensüberschrift schlechthin. In der Tat, der Feuer-Mensch ist leicht zu begeistern, ist schnell entflammt und brennt lichterloh für eine Idee. Feuer-Menschen tragen ferner ihr Herz auf der Zunge und sind beliebt, weil sie mit Worten loben und schmeicheln können. Der Feuer-Mensch trägt aber auch die Verantwortung für seine Worte und wird aufgefordert, diese sorgsam zu wählen und den Menschen Freude zu bereiten, denn er kann auch zu viel Feuer haben, was sich dann in der Tendenz zu Launenhaftigkeit und Streitsucht zeigt. Lob dagegen wirkt wahre Wunder, setzt ungeahnte Energien frei und hilft dabei, ein wahrer Mensch zu werden, der andere schätzt und anerkennt. Mit Worten liebevoll und achtsam umzugehen, das ist, wie erwähnt, eine Aufgabe für den Feuer-Menschen.

Oft übernehmen diese Menschen auch die Führungsrolle, und man kann auf sie bauen, wenn es darum geht, eine Gruppe zu führen oder in der Familie die Dinge vorwärts zu bewegen. Dabei gehen sie allerdings nicht immer den sicheren und ruhigen Weg, sondern Ihnen ist es lieber, etwas zu tun und in Gang zu setzen, als tatenlos abzuwarten oder zuzusehen. Man verzeihe ihnen, wenn sie bei dieser Vorgehensweise andere förmlich „überrennen«, sie sind der festen Überzeugung, zum Wohle aller zu handeln.

Wer zu wenig vom Feuer-Element in sich trägt, ist sehr zurückhaltend, empfindlich, fügsam und wortkarg. Ist zu viel Feuer vorhanden, dann ist man leicht erregbar, hysterisch, schwatzhaft, theatralisch oder exzentrisch. Sollte Letzteres der Fall sein, dann reduzieren Sie am besten die rote Farbe um sich herum, und umgeben Sie sich mit dem Erd-Element.

Sie sind eine Feuerpersönlichkeit

Aufbauender Zyklus der Elemente
Das Element Holz fördert das Element Feuer im Kreislauf der Elemente.

Zerstörungszyklus
Wasser löscht das Feuer.

Charaktereigenschaften:
Intuition, Einfühlsamkeit, Freude verbreitend, Sie tragen das Licht in die Welt und stecken andere mit Ihrer Energie an, leidenschaftlich, emotional, Helfer, Heiler, benötigt das Außergewöhnliche, Ungewöhnliche und geistige sowie sinnliche Anregung.

Aufgabenstellungen, die zu meistern sind:
Panik, Erschöpfung, Schlafstörungen, Unruhe, Verausgabung im Streben nach Leistung und Hilfsbereitschaft

Krankheitsneigung
Herzrasen, Schweißausbrüche, Kreislaufprobleme, Kopfschmerzen

Ihre Unterstützungen sind:
Farben: Grün, Rot, Rosé, Lila, Purpur, Rotbraun
Steine in Ihrem Umfeld: Zitrin, Tigerauge, Rubin, Granat, Gold, Rhodochrosit, Rosenquarz, Feueropal, Hämatit, Amethyst

Die Sie unmittelbar umgebenden Gegenstände könnten sein:
Pflanzen, Licht, Kerzen, Salzkristalllampen, rote Gegenstände, pyramiden-förmige Figuren

Im Umfeld von zwei Metern sollten Sie im Übermaß vermeiden:
Wasserbilder, Brunnen, Aquarien und blaue Gegenstände oder Wände

Die Farbe Rot für Feuer-Menschen

Rot in der Wohnung zeigt an, dass Sie aktiv, durchsetzungswillig und dynamisch sind. An grauen Wintertagen kann die Farbe Ihr Gemüt aufheitern, wobei hier die Menge und Farbintensität die Wirkung bestimmt. Deshalb Achtung, damit Sie nicht zu viel Rot einsetzen!

Möchten Sie mehr Prestige und Anerkennung? Dann eignet sich Rot auf alle Fälle, da es aktive und starke Yang-Kraft besitzt; es gibt Kraft zum Durchhalten, den Willen zur Leistungsbereitschaft, stärkt das Bewusstsein, ist fordernd und herrschend; entsprechende Wände sollten durch die Beleuchtung hervorgehoben werden. Sind die Wände allerdings Rot gestrichen, dann empfiehlt es sich im Sinne des Yin-Yang-Ausgleiches, die Möbel in kühleren Farben zu halten.

Wenn man seine Gefühlswelt öffnen möchte, sind rosarote Farben günstig. Helle Rottöne unterstützen die Ichbezogenheit und sind günstig für Menschen, die nicht aus sich herauskommen und keine Ansprüche stellen.

Wohnen und einrichten

Siehe auch Abbildung im Farbteil, S. VII

Wo sollten Sie wohnen?

Sie benötigen eine Umgebung im Grünen, die Ihnen genügend Spielraum und Anregung gibt. Theater, Kino, Vereinsgruppen und Sportmöglichkeiten sollten vorhanden sein. Sollte dies nicht der Fall sein, sollte der Feuermensch viel reisen.

Sie fühlen sich am wohlsten in einer großzügigen Einzelhausbebauung und lieben es, im Garten und im Hausinneren immer wieder Veränderungen herbeizuführen.

Wasser im Garten und im Haus sind für sie lebensnotwendig, um überschüssiges Feuer wieder zu beruhigen.

Wie sollte Ihre Wohnung ausgestattet sein?

Große Räume, die licht und hell sind, sind das A und O bei der Auswahl der

Wohnung. Die Ausstattung wird freundlich sein, hell, einladend und gemütlich zugleich; ein großes, repräsentatives Wohnzimmer ist wichtig.

Sorgen Sie zudem für eine offene Küchenarchitektur, und Sie, der kommunikative Feuermensch, werden sich wohlfühlen. Die Küche, die ebenfalls dem Element Feuer zugeordnet ist, ist eben auch der Ort für den Feuer-Menschen, wo er sich völlig entfalten können sollte. Er braucht Platz, um mit seinen Freunden auch gemeinsam kochen zu können.

Natürlich benötigen die Feuermenschen auch einen Kamin oder Kachelofen; er bildet das Herz des Wohnens. Kerzen und rote Stoffe, Sessel oder Wandanstriche sind für den Feuer-Menschen ebenfalls unabdingbar. Seide, Samt und Brokat, edle Stoffe, chinesische oder indische Muster passen gut zum Feuer-Menschen. Japanische und chinesische Lackwaren sind ebenso genau richtig für ihn. Übertreiben sollten sie es mit der roten Farbe allerdings nicht, da sie Sie dann zu sehr antreiben könnte, und das wäre Ihrer Gesundheit abträglich. Ein kleiner Wasserbrunnen wird Ihnen dabei helfen, das innere Gleichgewicht zu erhalten oder wieder herzustellen, wenn er nicht unmittelbar neben Ihnen steht.

Holzmöbel und Pflanzen im Raum fördern genauso wie grüne Farbtöne die Gesundheit. Sie geben Ausdauer und Energie, um auch den gestressten Feuer-Menschen Ruhe zu vermitteln. Pflanzen wie die Strelitzien, die roten Arumlilien oder bestimmte Bromelienarten kommen ihm bei der Stärkung seines Feuers entgegen.

Sie benötigen daneben Bilder des Sommers. Geeignet sind Bilder von Sonnenblumen und Bilder oder Fresken des Vogels Phönix. Dreiarmige Leuchter und rote Kerzen geben dem Feuermenschen Antrieb. Herrscht ein Zuviel an Energie, so können Grün, Blau und Weiß eingesetzt werden – Farben, die auch in der Flamme des Feuers enthalten sind.

Was Sie meiden sollten:
Eine Wohnung mit zu viel Metall ist nichts für Feuermenschen. Es macht sie aggressiv und lässt ihren Blutdruck steigen.

Jahreselement Erde
Wenn Sie in einem Erd-Jahr geboren sind

Siehe auch Abbildung im Farbteil, S. VIII

Der Erd-Mensch ist für andere da. Wer sonst sollte die Familie zusammenhalten, schlichten, vermitteln und für gute Laune unter den Familienmitgliedern sorgen? Er ist derjenige, der für Harmonie sorgt und Zwistigkeiten regelt. Der Mensch mit dem Element Erde hat sicher sofort Ihre Sympathie gewonnen, oder? Seine Aufgaben erledigt er zuverlässig und gewissenhaft, und er ist ausgesprochen loyal eingestellt. Wem er einmal seine Treue ausgesprochen hat, dem entzieht er sie nicht so schnell wieder. Er hat einen guten Freundeskreis, bringt Kuchen für andere mit und verteilt Rezepte. Um ihn herum herrscht immer eine Atmosphäre des Vertrauens, der Sympathie und des Verständnisses.

Die Erde kann auch ein ruhiger, zentrierter und guter Zuhörer sein. Menschen mit diesem Element sind verlässlich, ihre Qualitäten sind weitreichend. Vor allem aber wird er für andere im Einsatz sein und sein eigenes Wohlwollen hintenanstellen. Er kämpft für andere. Er betreut die Kranken und die Schwachen, die Alten und die Leidenden. Dabei vergisst er allerdings oft sich selbst – und legt an Gewicht und Kummerspeck zu.

Dieser Mensch hat oft ganz pragmatische Ratschläge für andere parat, weshalb viele bei ihm ihren Kummer abladen. Menschen suchen Hilfe bei ihm und erhalten sie auch. Wer ihn um Rat fragt, erhält sogar gleich ein ganzes Paket an Vorschlägen.

Der Erde-Mensch denkt auch an jeden Geburtstag und nutzt jede Gelegenheit, um ein kleines Schwätzchen zu führen. Er ist beliebt und geschätzt zugleich, und vor allem: Er liebt das Gefühl, gebraucht zu werden. Es scheint der eigentliche Sinn und Zweck seines Daseins zu sein. Es vermittelt ihm auch das Gefühl, einen wichtigen Platz innerhalb der Gesellschaft zu haben.

Er wird es ferner nicht leid, jeden Tag den gleichen Arbeitsablauf zu haben. Alles, was er mit einer gewissen Routine tun kann, ist für ihn sogar Labsal.

Im ausgeglichenen Zustand sind diese Menschen geradlinig, standhaft und zuverlässig. Sie haben sich Grundlagen geschaffen, auf denen sie aufbauen können, und genügend materielle Sicherheiten zugelegt, um den Stürmen des Lebens standhalten zu können. Im Gegensatz dazu sind »problembeladene Erd-Menschen« unsicher, labil, schwermütig und mischen sich ständig in die Angelegenheiten anderer ein. Zu viel Erde kann auch Geiz bedeuten. Man hält fest, fest an allem; daher kann man auch zu viel an Gewicht zunehmen. Es besteht die Tendenz, nicht nur an materiellen, sondern auch an geistigen Gütern festzuhalten. Zu wenig des Erd-Elementes zu besitzen deutet auf die Tendenz hin, alles leicht zu verschenken und ohne oder nur mit geringen materiellen Ressourcen durchs Leben zu gehen. Ein Mensch mit wenig Erd-Element kann sich auch haltlos wie eine Feder im Wind fühlen und sollte sich mit Terrakotta, Erde und quadratischen Elementen umgeben.

Sie sind eine Erdpersönlichkeit

Aufbauender Zyklus der Elemente:
Das Element Feuer fördert das Element Erde im Zyklus der Elemente.

Zerstörungszyklus
Das Element Holz, wie beispielsweise die Pflanze, entzieht der Erde Kraft.

Charaktereigenschaften
Vermittler, wirken versöhnend, fördern friedliche und dauerhafte Beziehungen, fürsorglich, einfühlsam, vertrauenswürdig, treu, suchen Harmonie und das Gefühl der Zusammengehörigkeit

Aufgabenstellungen, die zu meistern sind:
Sie wollen von ihren Mitmenschen das Gefühl vermittelt bekommen, unverzichtbar zu sein, meiden Konfrontationen und Wutausbrüche, grübeln, oft sorgenvoll, überbehütend gegenüber ihren Schützlingen, mischen sich gern in die Angelegenheiten anderer ein, Mangel an Selbstwert, Selbstzweifel

Krankheitsneigung:
Magen- und Bauchspeicheldrüsen-Erkrankungen

Ihre Unterstützungen sind:
Farben: Rot, Rosé, Lila, Purpur, Rotbraun, Gelb, Apricot, Orange, Braun und Beige
Steine in Ihrem Umfeld: Zitrin, Tigerauge, Karneol, Mondstein, Goldtopas, Achat

Die Sie unmittelbar umgebenden Gegenstände könnten sein:
Keramiken, Kunstgegenstände aus Porzellan, getöpferte Accessoires, Natursteine und Halbedelsteine, Schalen aus Ton, Porzellangegenstände

Im Umfeld von zwei Metern sollten Sie im Übermaß vermeiden:
Pflanzen und grüne Farbtöne an den Wänden

Die Farbe Gelb für Erd-Menschen

Stellen Sie sich eine Hazienda vor, das warme Licht des Nachmittags im Süden. So müsste Ihr Ambiente sein: Rot, Braun, Ocker und Gelb lassen Ihr Zuhause zu einer gemütlichen Oase werden. Erdpigmentfarben sind genau richtig für Sie.

Ein geselliger Esstisch mit einer warmen Beleuchtung schafft beispielsweise eine perfekte Atmosphäre. Insbesondere sollten dunkle und kühle Räume ein warmes Gelb erhalten. Vorhänge in diesen Farben und ein gelber Teppich sind förderlich in der Mitte des Wohnzimmers.

Gelb ist die Farbe des Elementes Erde. Im alten China waren Gelb und Gold die Farben des Herrschers über die Erde. Zudem wird Gelb mit Gold gleichgesetzt und bringt Wohlstand ins Haus.

Goldgelb wird als sonnig, heiter und gesellig gesehen. Geht das Gelb in einen Rot-Ton über, so kommen Fröhlichkeit und Zufriedenheit beim Betrachter auf. In einer Studie der Experimentellen Psychologie heißt es übrigens, dass hoffnungsvolle Menschen Gelb und enttäuschte und traurige Menschen eher graue und schwarze Töne bevorzugen würden.

Gelb ist zudem die Farbe des Goldes und Geldes sowie der Extravertiertheit. Dunkles Gelb kann Intoleranz fördern, während helleres Gelb der Weisheit förderlich ist. Das hellere Gelb vertreibt außerdem Müdigkeit und Arbeitsunlust, macht fröhlich und geistig rege. Gelb wirkt quirlig und sehr anregend für Nerven und Gemüt. Wenn jedoch Gelb mit Schwarz gemischt wird, so wirkt es intolerant.

Wohnen und einrichten

Siehe auch Abbildung im Farbteil, S. IX

Wo sollten Sie wohnen?

Sie benötigen eine ländliche Umgebung, wo Kontakte möglich sind und gepflegt werden können.

Wie sollte Ihre Wohnung eingerichtet sein?

Ihre Umgebung muss Behaglichkeit ausstrahlen. Dekorationen mit lieb gewonnenen Erinnerungen, wie Fotos, Postkarten oder Geschenken Ihrer Liebsten, sind Ihnen wichtig.

Da Sie gern mit anderen zusammen sind, benötigen Sie eine gemütliche Küche sowie einen großen Ess- und Wohnzimmerbereich für ein lebendiges Familienleben.

Der mediterrane Stil ist Ihr Stil, und die Küche ist Ihr Zentrum. Dort geht es warm und gemütlich zu. Auf den Fenstern stehen Tontöpfe mit Kräutern, und Sie umgeben sich mit Holzutensilien, Keramik und Naturmaterialien. Handgedrehte Keramikschüsseln und Geschirr, Steinmörser, bauchige Krüge und Bilder von Früchten wie dem Kürbis sind stärkend für Ihre Energie. Bringen Sie Kürbisse und Äpfel zum Spätsommer daher unbedingt in Ihre vier Wände.

Feuerelemente stärken Ihr Selbstvertrauen und zerstreuen Ängste. Rote Elemente, ein Kamin und Kerzen sind eine Möglichkeit, Feuer in die Wohnung zu bringen. Sorgen und Selbstzweifel werden Sie so leichter überwinden.

Ein einzelner Wasserbrunnen oder ein Wasserobjekt ist für Sie anregend. Es bringt Sie dazu, loszulassen und die Kontrolle einmal abgeben zu können.

Was Sie meiden sollten:

Sie sollten das Element Metall in Ihrer nächsten Umgebung vermeiden, da dies für Sie zu ungemütlich wirkt und Sie sich darin nicht entspannen können.

Zu viel Wasser oder auch eine städtische Umgebung stören Ihre innere Harmonie.

Jahreselement Metall
Wenn Sie sind in einem Metall-Jahr geboren sind

Siehe auch Abbildung im Farbteil, S. X

Der Metall-Mensch weiß, was sich gehört. Gut angezogen, mit Marken-Waren, Vorzeigeauto oder gar einem Oldtimer in der Garage und seinem stets makellosen Erscheinungsbild ist er geachtet und anerkannt. Wenn er auftritt, geht es sachlich, fundiert und scheinbar leidenschaftslos zu. Sein Bedürfnis nach Ordnung und Zuverlässigkeit kann er nicht verhehlen, er strahlt es einfach aus. Alles benötigt seine Ordnung, auch in der Familie oder im hierarchischen Gefüge der Firma.

Beruflich gesehen braucht er ein klar sortiertes und strukturiertes Büro mit schöner Aussicht, auch im übertragenen Sinne im Hinblick auf seine Aufstiegsmöglichkeiten in der Firma. Wenn er Aufträge erteilt und Aufgaben stellt, dann möchte er diese unbedingt erfüllt wissen. Da gibt es kein Vertun: Er ist streng und gerecht zu den anderen – wie auch zu sich selbst. Linientreu, geistreich, kritisch und diszipliniert erfüllt er seine Aufgaben.

Auch in seinem Zuhause liebt es der Metall-Mensch, klare Strukturen zu haben. Alles muss an seinem Platz wiederauffindbar sein, damit er nicht aus seinem Gleichgewicht gerät.

Manche Metall-Menschen sind durch ihre Erziehung teilweise leider sehr verschlossen und dann eher wortkarg. Alles in allem aber sind Metall-Menschen gute Denker. Sie sind rechtschaffend und reden, wo es angebracht ist, aber schweigen, wo es nötig ist. Sie sind ferner wegen ihrer innovativen Gedanken und für ihr messerscharfes Denken bekannt. Wegen ihrer Gradlinigkeit und Urteilsfähigkeit werden Metall-Menschen gern um Rat gefragt. Ihr Umgang mit Geld ist vorbildlich.

In jedem Fall braucht der Metall-Mensch Metallgegenstände um sich, eine runde, glänzende Uhr und einen Blumentopf mit einer kleinen Erdpflanze. Das stabilisiert und unterstützt das Metall im persönlichen Umfeld.

Im unausgewogenen Zustand sind Metall-Meschen unbelehrbar, besserwisserisch, pedantisch oder dogmatisch.

Sie sind eine Metallpersönlichkeit

Aufbauender Zyklus der Elemente

Das Element Erde unterstützt das Element Metall im Zyklus der Elemente.

Zerstörungszyklus

Das Element Feuer schmilzt das Element Metall.

Charaktereigenschaften

Konzentrationsfähigkeit, Zielorientiertheit, diszipliniert, distanziert, hohe moralische und ästhetische Ansprüche, ruhig, beherrscht

Aufgabenstellungen, die zu meistern sind:

Aggressionen, Ungeduld, Intoleranz, Gefühlsschwankungen, Erhaltung der Flexibilität

Krankheitsneigung

Lungen- und Dickdarmprobleme

Ihre Unterstützungen sind:

Farben: Beige, Silber, Weiß, Grau und Gold

Steine in Ihrem Umfeld: Bergkristall, Magnetit

Die Sie unmittelbar umgebenden Gegenstände:

Silber- oder Gold-Füllhalter, glänzende Schreibtischutensilien, runde Stifte-Box, runde Schalen, metallische Kunstobjekte, runde Beistelltische, Kugeln

Im Umfeld von zwei Metern sollten Sie im Übermaß vermeiden:

rote Gegenstände und ein Zuviel an Kerzen

Die Farbe Weiß für Metall-Menschen

Weiß ist die Farbe der Unschuld und der Reinheit. Als sichtbares Statussymbol des Mannes galten bislang der weiße Hemdkragen und die weißen Manschetten, und auch heute noch ist es in Spitzenpositionen, unabhängig von Modetrends, zeitgemäß, weiße Hemden zu tragen.

Im Feng Shui ist Weiß die Farbe des Elementes Metall und steht für Würde und Weisheit. Eine weiße Wand lässt zwar jeden Makel sichtbar werden, doch auch Bilder in vielfältigen Variationen finden dort ihren Platz. Eine weiße Wand an und für sich bringt Klarheit, Licht und Weite. Sie symbolisiert den Himmel, die Himmelsrichtungen Westen und Nordwesten sowie den weißen Schnee. Deshalb ist es wichtig zu ergründen, in welchem Maße Sie die Farbe Weiß einsetzen möchten. Ein Zuviel ist einem guten, aufbauenden Zuhause genauso unzuträglich wie ein Zuwenig im Bad- und Toilettenbereich.

Betrachtet man Weiß in seiner Zugehörigkeit zum Element Metall, dann ist festzustellen, dass bei einem Übermaß dieser Farbe oft Depressionen und ein Gefühl der Verlassenheit aufkommen.

Insbesondere im Arbeitszimmer kann Weiß dazu führen, dass die Augen schneller ermüden.

Wohnen und einrichten

Siehe auch Abbildung im Farbteil, S. XI

Wo sollten Sie wohnen?

Sie benötigen ein Ambiente, das klar, ruhig sowie geordnet ist – und viel Grün aufweist. Sie fühlen sich am wohlsten in einer Umgebung mit großen Bäumen im Garten oder dem Blick auf eine Parklandschaft. Die Lage eines Hauses mit Blick zum Wasser entspricht der idealen Feng Shui-Lage.

Wie sollte Ihre Wohnung sein?

Eine kühle und entspannte Atmosphäre sollte hier vorherrschen. »Loft-Charakter« könnte hier die Überschrift sein, zumindest aber helle, luftige, große Räume, am besten mit einem runden Dachfenster, so dass Licht von oben einfällt. »Weniger ist mehr« trifft ebenfalls auf den Metall-Menschen zu. Eine sparsame Möblierung und Ordnung sind hilfreich, um ein energievolles Ambiente zu erzeugen. Der Raum sollte zudem schöne Formen und kunstvolle Gegenstände bieten, die solitär ein Blickfang sind – ein meditativer Stil.

Metall und Glas, kühle und klare Farben beherrschen den Raum. Helle Naturhölzer und kalkgetünchte Wände bestimmen die Stimmung zu cremefarbenen Bezügen und hellen Baumwoll- und Leinenstoffen. Weiße Hussen aus Baumwolle, weiße Bettwäsche, weiße, flauschige Frottiertücher und ein Bademantel aus dem gleichen Material sind genauso in Ihrem Umfeld zu finden wie runde Spiegel oder runde und ovale Bilderrahmen.

Sie bevorzugen weißes Porzellangeschirr. Kombinieren Sie hierzu auch weiß gekalkte Möbel, die auf einem dunkleren Holzboden stehen sollten. Blasslila Seidenkissen und pastellblaue Farben an den Wänden sorgen für emotionale Unterstützung; Beistelltische können Sie hierzu aus Naturholz wählen. Klangspiele, Klangschalen und runde, bauchige Silber- oder Goldgefäße schaffen ebenfalls ein entspanntes Metall-Ambiente.

Sorgen Sie auch für die richtige Musik in den Räumen, bevorzugt von Blechinstrumenten, wie der Trompete und dem Saxophon, aber auch von Pan-, Quer- und Blockflöten. Die emotionale Unterstützung dieser Töne in Ihrem Umfeld ist sehr wertvoll, wenn Sie sich gestresst fühlen.

Materialien wie Kupfer, Zinn, Silber und Gold gehören unbedingt in Ihr Umfeld. Während Silber den Mond und die weibliche Energie repräsentiert, ist der Goldton eine Farbe der Sonne, die mit Kraft und Freude verknüpft ist. Weiße oder silberfarbene Rollläden, Jalousien oder Rollos sind günstig für Sie. Ein Zimmerspringbrunnen mit einer Metallkugel oder silberfarbene Bilderrahmen und Tischdekorationen sind förderlich, um sich zu konzentrieren und sich auf das Wesentliche zu besinnen.

Nehmen Sie auch punktuell die Farbe Rot mit auf in Ihre Innenräume: in Form von Schalen mit roten Früchten oder Bildern in diesem Farbton, um nach dem Yin-Yang-Ausgleich auch bei zu viel Metall-Energie einen Gegenpol zu schaffen.

Was Sie meiden sollten:

Feuer schmilzt das Metall! Deshalb sollten Sie rote Elemente, wie einen roten Teppich oder rot gestrichene Wände, nicht mit Metallmöbeln und beispielsweise blauen Bezügen kombinieren.

Jahreselement Wasser
Wenn Sie in einem Wasser-Jahr geboren sind

Siehe auch Abbildung im Farbteil, S. XII

Sie sind anders als alle anderen. Ehrlich, neugierig, sparsam und mitteilsam werden Sie schon beim ersten Einstellungsgespräch einen guten Eindruck hinterlassen. Sie sind ernsthaft, seriös, gerade heraus und glaubwürdig. Menschen mit dem Element Wasser erkennen zudem Zusammenhänge zwischen scheinbar unverbundenen Ereignissen und sind ohne Zweifel große Denker.

Was Sie im Umgang mit einem Wasser-Menschen tunlichst vermeiden sollten, ist Druck auf ihn ausüben zu wollen, denn das lähmt ihn, und Sie werden über das Ergebnis enttäuscht sein. Besser ist es, Sie geben ihm einen Zeitrahmen vor, und er kann im stillen Kämmerlein das Problem lösen.

Wenn eine Wasser-Frau nicht reden darf, sich nicht mitteilen kann, ist sie untröstlich. Und ein Wasser-Mensch, der in sich unausgewogen ist, kann zu Zynismus und Leidenschaftslosigkeit einer Sache gegenüber neigen. Dann wird er sich auf andere verlassen und selbst nicht eingreifen. Nicht im Gleichgewicht mit sich und der Welt wird er durch die schwarze Brille blicken und sieht entsprechend nur noch Falschheit, Lügen und Gier, was ihn zum Zyniker werden lassen kann. So gesehen mutiert er zu einem unangenehmen Zeitgenossen, der überkritisch und sarkastisch über seine Mitmenschen herzieht.

Sehen wir uns nun an, was der Wasser-Mensch im Einzelnen benötigt: Was er braucht und was ihn glücklich macht, ist ein ruhiges Arbeitsplätzchen und ein Rückzugsort zu Hause in seinen eigenen vier Wänden. Man darf ihm nicht so sehr auf die »Pelle« rücken. Er umgibt sich mit Büchern, einer guten Stereoanlage und der neuesten Technik im Hi-Fi-Bereich. Meditation, Ayurveda und Reisen zu alten Kulturen sind interessante Gebiete für die Wasser-Menschen. Deshalb werden sie auch hiervon immer Bilder und Accessoires in ihrem Zuhause haben.

Sie sind eine Wasserpersönlichkeit
Aufbauender Zyklus der Elemente
Das Element Metall fördert das Element Wasser.

Zerstörungszyklus
Erde verschüttet das Wasser.

Charaktereigenschaften
Neugierde, Anpassungsfähigkeit, Dynamik, Objektivität, Flexibilität

Aufgabenstellungen, die gemeistert werden wollen
Kann sich zu abhängig von der Meinung anderer machen, Stimmungs-schwankungen, Spannungen loslassen ist die primäre Aufgabe

Krankheitsneigung
Rückenschmerzen, kalte Gliedmaßen, Gleichgewichtsstörungen, Bluthoch-druck, Grippeneigung, Durchblutungsstörungen und Nierenprobleme

Ihre Unterstützungen sind:
Farben: Blau, Silber, Weiß, Grau und Gold
Steine in Ihrem Umfeld: Lapislazuli, Onyx

Die Sie unmittelbar umgebenden Gegenstände:
Zimmerbrunnen, Pflanzen, Wasserbilder, Glas mit Fischen, Aquarium, Sil-ber- oder Gold-Füllhalter, Glasgegenstände, mundgeblasene Einzelstücke, Glaskunst, glänzende und runde Einrichtungsgegenstände

Im Umfeld von zwei Metern sollten Sie im Übermaß vermeiden:
rote Farben und direkte Hitze- oder Feuereinwirkung

Die Farbe Blau für Wasser-Menschen
Blau vermittelt Treue, Hingabe, Ergebenheit, Kühle und Vertrauen. Men-schen, die Blau in ihrem Umfeld haben, werden als pünktlich eingestuft, mutig, leistungsorientiert, klug, konzentriert und genau. All das sind Eigenschaften, die ein Wasser-Mensch kultivieren sollte.

Zu viel Blau in Ihren eigenen vier Wänden bringt allerdings ein Zuviel an Yin-Energie, Kühle und emotionale Kälte mit sich, es sei denn, Sie wohnen in den warmen Gefilden des Südens. Blau im Schlafzimmer kann, im Übermaß eingesetzt, zu Potenzproblemen führen und das Sexualleben erheblich reduzieren.

Je dunkler das Blau, umso mehr geht es nach innen; dann wirkt es in der größten Hektik ruhig und weckt die guten Eigenschaften wie Ruhe, Treue, Frieden und Stille. Blau unterstützt die Konzentration auf das Wesentliche. Je heller das Blau in seiner Farbnuancierung ist, umso mehr Fernweh vermittelt es. Gerade Hellblau befreit, erweitert und lässt im wahrsten Sinne des Wortes den Menschen durchatmen.

Kombinieren Sie deshalb Blau auch immer mit Weiß, dem Element Metall, und warmem Gelb als Yang-Komponente.

Wohnen und einrichten

Siehe auch Abbildung im Farbteil, S. XIII

Wo sollten Sie wohnen?

Sie benötigen eine Umgebung mit und am Wasser. Theater, Musik- und Ausgehmöglichkeiten sollten ebenfalls in der Nähe sein.

Wie sollte Ihre Wohnung sein?

Ein modernes Ambiente, groß, hell und klar entspricht dem Wasser-Menschen. Aquarien mit Wasserpflanzen und blauen, schwarzen oder silbrigen Fischen sind für Sie geradezu ideal. Auch Zimmerspringbrunnen, glänzende Stoffe wie Satinbezüge, Seide und glänzende, edle Böden entsprechen dem Element Wasser. Wollen Sie die schöpferische Kraft und das dynamische Wesen unterstützen und fördern, so sind Rank- und Schlingpflanzen, Palmen und Gewächse aus den Tropen förderlich.

Hellgrüne und blassfliederfarbene sowie pastellig-grau abgestufte Wände geben dem Raum die Klarheit und Unterstützung, die der Wasser-Mensch benötigt. Kombinieren Sie diese zarten Farbtöne mit kräftigen Blau-, Grün- und Lilatönen für die Fußböden, die Türen, Bilderrahmen, Sessel oder Übergardinen.

Wellige Muster, Wirbelmuster, Spiralen und Kreise entsprechen ganz diesem Element, und weiße, lackierte Böden und runde Fenster sind für ihn ebenso unterstützend. Schimmernde Flächen, Perlen, Glasvitrinen und Glasschmuck, neben runden Beistelltischen und Muscheldekorationen ergeben ein stimmiges

Gesamtkonzept. Glastische sollten Sie jedoch nicht als Esstische, sondern nur als Beistelltische verwenden.

Die Musik von Wellenrauschen, mit Anklängen von Möwen im Hintergrund, sowie klassische Musik wie die »Moldau« sind Labsal für Ihre Seele.

Was Sie meiden sollten:
Erde verschüttet das Wasser im Kreislauf der Elemente, deshalb sollten Sie das Element Erde in Form von braunen Teppichen oder ebensolchen Wänden meiden und weggehen vom mediterranen Terrakottastil.

Nicht zu verwechseln ist dieser allerdings mit einem sonnigen Gelb, das ebenfalls aus dem Erd-Element-Bereich kommt und Ihnen neben dem kühlen Blau auch Sonne und Wärme vermittelt.

Jahreselement Holz
Wenn Sie in einem Holz-Jahr geboren sind

Siehe auch Abbildung im Farbteil, S. XIV

Holz-Menschen wollen hoch hinaus, sie wollen lehren und lernen. Menschen mit diesem Jahres-Element haben ein ausgeprägtes Streben nach Fortschritt und Innovation. Wo es Risiken einzugehen gilt und wo noch keine Wege sind – der Holz-Mensch wird sie bereiten. Er wird Geschäftsverbindungen knüpfen, von denen andere nur träumen. Je schwieriger die Aufgabe, umso höher die Eigenverantwortlichkeit und umso enthusiastischer ist er bei der Sache. Sein Motto ist: Wer nichts wagt, der nichts gewinnt.

Die Gedanken des Holz-Menschen sind auf Visionen gerichtet, nicht auf alltäglichen Kleinkram. Er muss ein wechselndes Aufgabenfeld bekommen und reisen können. Monotone Aufgaben, ein Acht-Stunden-Tag mit geregelten Abläufen und Routinearbeiten entsprechen nicht seiner Natur. Er wird schnell ausbrechen und sich selbstständig machen wollen, bevor er in Monotonie versinkt.

Holz-Menschen können sehr erfinderisch sein und halten ihre einmal gegebenen Versprechen ein. Ihre besonderen Aufgaben liegen im Umgang mit Freunden und Partnern, gegenüber denen sie eine große Fürsorge hegen. Allerdings: Sie sollten lernen, sie besser zu durchschauen. Zu diesem Typus passen daher die mit dem klaren Blick versehenen Wasser-Menschen, die die Fassade ihrer Mitmenschen klar durchdringen.

Unausgeglichene Holz-Menschen sind mitunter intolerant, egoistisch, grob, provozierend, cholerisch oder sarkastisch. Dann brauchen sie in ihrer unmittelbaren Umgebung Pflanzen und Zimmerspringbrunnen, um von außen besser unterstützt zu sein.

Sie sind eine Holzpersönlichkeit
Aufbauender Zyklus der Elemente
Das Element Wasser gibt seine Energie an das Element Holz weiter.

Zerstörungszyklus

Das Element Metall, wie beispielsweise die Axt, hackt das Element Holz.

Charaktereigenschaften:

Willensstärke, Entscheidungsfreudigkeit, Klarsicht, Mut, Flexibilität, Charakterfestigkeit, Ehrgeiz, Optimismus

Aufgabenstellungen, die zu meistern sind:

Aggressionen, Ungeduld, Intoleranz, Gefühlsschwankungen, Erhaltung der Flexibilität

Krankheitsneigungen:

Kopfschmerzen, hoher Blutdruck

Ihre Unterstützungen sind:

Farben: Blau, Grün, Türkis, Lindgrün

Steine in Ihrer Umgebung: Malachit, Turmalin, Topas

Die Sie unmittelbar umgebenden Gegenstände:

Pflanzen, Holzschalen (edel aus Wurzelholz), Zimmerbrunnen, Pflanzen, Wasserbilder, Bambushölzer und -bilder, Rattan, Weidengeflecht, Peddigrohr, Holzschnitzereien

Im Umfeld von zwei Metern sollten Sie im Übermaß vermeiden:

Metallgegenstände

Die Farbe Grün für Holz-Menschen

In der chinesischen Tradition steht Grün für Wachstum und Gedeihen, es ist die Farbe des Holzes. Grün bedeutet auch Herzensgüte und Frühlingsgefühle, und es ist die Farbe der Hoffnung und Genesung. Menschen, die Grün tragen, werden als ruhig, zentriert, herzlich, beständig und leicht zugänglich empfunden.

Lindgrüne Farbtöne in Ihrer Umgebung wirken frisch, lebendig und naturverbunden, denn Lindgrün besitzt einen großen Anteil Gelb. Deshalb wirkt es heiter, frisch, natürlich, unaufdringlich und warm. Lindgrün eignet sich insbesondere für den Bereich innerhalb der Wohnung, wo Sie arbeiten möchten, am Computer sitzen. Es nimmt den Stress und ist wohltuend für die Augen. Verwenden Sie Grün im Küchenbereich oder in Ihrem Schlafzimmer, dort allerdings in Verbindung mit Rot, dem Element Feuer.

Wohnen und einrichten

Siehe auch Abbildung im Farbteil, S. XV

Wo sollten Sie wohnen?

Sie benötigen eine Umgebung mit viel Grün, Sie fühlen sich am wohlsten in einer Umgebung mit großen Bäumen im Garten oder dem Blick auf eine Parklandschaft. Ein Haus am Wasser wäre am besten geeignet, da das Element Wasser das Holzelement im Kreislauf der Elemente fördert.

Wie sollte Ihre Wohnung ausgestattet sein?

Am besten wohnen Sie natürlich in einem Holzhaus oder in einem Haus, das viele Holzelemente hat, wie einen Dielenboden oder Holzvertäfelungen an den Wänden. Eine große Wohnküche und große, insbesondere hohe Räume, auch ein Wintergarten, sind für Sie ideal. Sie benötigen große Pflanzen, wie den Bambus oder Palmen, die in die Höhe wachsen. Auch Farne und Orchideen, Zimmerspringbrunnen und Holz sind gute Begleiter in Ihrer Umgebung. Helle Holztöne beruhigen aufgewühlte Emotionen, dunkle Hölzer hingegen wirken belebend und wärmen die Seele. Achten Sie darauf, dass man die Astlöcher ruhig sieht, denn Holzmenschen wollen durch die Maserung das Leben und das Wachstum sehen. Durch künstlerische Hände geschaffene Holzkunstwerke vermitteln Zielstrebigkeit und Inspiration. Geschnitzte Möbel oder Intarsienarbeiten alter Handwerkskunst sind bei Ihnen bestens aufgehoben. Bücherregale sind ein unbedingtes Muss! Sie sollten davor allerdings Schiebetüren haben oder Stoffbahnen, so dass die gesamte Bücherwand nicht auf einmal einsehbar ist. Rücken Sie die Bücher mit ihren Rücken auch in die vorderste Regalreihe, so dass sie mit dem Regal abschließen und eine Wand bilden. Lockern Sie die Regale zudem auf, und stellen Sie die schweren Bücher nach unten und die leichten Bücher nach oben. Eine gemütliche Leseecke und eine Leiter für das Buchregal sollten Sie sich ebenfalls gönnen.

Sitzen Sie am besten auf Esstischstühlen aus Holz, Rattan oder Peddigrohr, und nutzen Sie Kokosmatten für das Bad und Weiden- sowie Flechtkörbe für Ihr Kaminholz, ebenso für die Badeutensilien. Holztabletts aus Bananenschalen und handgefertigte Lampenschirme aus Papier wird man bei Ihnen ebenso finden können.

Wenn Sie mehr Bewegungs- und Wachstumsenergie benötigen, so sollten die Innenraumfarben Lindgrün enthalten, dunklere Grüntöne dagegen bringen Ausdauer und Durchhaltevermögen in Krisenzeiten.

Die Vorhangstoffe sollten längsgestreift oder einfarbig grün sein. Dazu können Sie einen Schuss Rottöne gut vertragen, die mehr Dynamik in den Raum bringen, oder Blautöne kombinieren, die Ruhe ausstrahlen.

Was Sie vermeiden sollten:

Metall hackt das Holz im Kreislauf der Elemente, deshalb sollten Sie es meiden. Es kühlt die Atmosphäre und macht sie hart und ungemütlich, und es schürt zudem die Aggressionen beim Holzmenschen.

Im Klartext: Meiden Sei Metallmöbel, und befreien Sie sich von Mustern mit kleine Karos, glänzenden Stoffen, Böden und Wänden.

Viele Menschen sehen die Welt

nur in schwarz-weiß,

obwohl doch gerade die Farben

ihren Reiz ausmachen.

(Johann Heinrich Pestalozzi)

Die Lage des Hauses, in dem Sie wohnen oder wohnen möchten

Tigerseite *Phönixseite* *Drachenseite*

Hier sehen Sie die Gesichts- oder Blickseite des Hauses. Die Tigerseite ist links, die Drachenseite rechts.
Die Rück- oder Schildkrötenseite des Hauses ist im Bild nicht zu sehen.

Blick- und Sitzrichtung eines Hauses

Blickrichtung   Sitzrichtung
(Phönixseite)   (Drachenseite)

Hier sehen Sie die Gesichts- oder Phönixseite des Hauses in der Sonne liegen. Die auf dem Bild rechte Seite, ist die Drachenseite des Hauses, die im Schatten liegt.

Die Bestimmung der Sitzposition eines Hauses

Die Vorderseite des Gebäudes ist in Blickrichtung zum Wasser gebaut. Hier befinden sich die Balkone in perfekter Südost-Süd- und Südwest-Ausrichtung – die ideale Position des roten Vogels Phönix.

Die Rückseite des Gebäudes (siehe kleines Bild) ist die der hinteren Häuserzeile zugewandte Seite mit kleinen Fenstern und dementsprechend Bädern und Schlafräumen – die perfekte Schildkrötenseite, oder Sitzseite des Hauses genannt.

Dieses Haus sitzt im Norden und ist damit ein Kan-Haus und für Bewohner, die der östlichen Lebensgruppe angehören, perfekt geeignet.

IV

Fehlbereich eines Hauses

Fehlbereich
(Hausecke fehlt)

Hier fehlt eine Ecke des Gebäudes. Je nachdem in welcher Himmelsrichtung diese fehlende Ecke liegt wird es Probleme geben – und damit Aufgabenstellungen für die Bewohner. In diesem Beispiel fehlt die Südost-Ecke des Hauses, und damit kann es für die Bewohner zu finanziellen Problemen kommen.

Das Jahreselement Feuer

Erzeugen Sie Feuer-Energie mit Hilfe von Kerzen, roten Kissen und Decken, einer rot gestrichenen Wand oder einem roten Sessel.
Eine warme, »feurige« Atmosphäre entspricht dem Element Feuer.

Wohnen und Einrichten
als Feuer-Mensch

Der rote Teppich gemeinsam mit der roten Wand und dem Holzboden ergibt zusammen mit dem Korbhocker und dem Holztisch eine starke Yang-Atmosphäre des Elementes Feuer. Das Element wird insbesondere durch die Sonne, das Licht und die grüne Umgebung außen erzeugt.

Selbst wenn Sie keinen eigenen Kamin besitzen sollten, ist es kein Problem, mit roter Farbe, Kerzen und warmen Textilien eine Feuer-Atmosphäre zu erschaffen.

Das Jahreselement Erde

Erzeugen Sie mit Hilfe von Steinen, die Sie in Wald und Flur finden, Sand und Halbedelsteinen eine harmonische Erd-Energie. Zusätzlich ist es vorteilhaft, auf dem Boden Kissen zu haben, dicke Teppiche und bodentiefe Sitz- oder Liegemöbel, um dem Element Erde noch mehr Raum zu geben.

Wohnen und Einrichten
als Erd-Mensch

Warme, braune, ockerfarbene und gelbe Elemente im Raum erzeugen eine Stimmung der Ruhe und Geborgenheit. Dicke sowie weiche Sessel, schwere Tische
und stabile Einrichtungsgegenstände sind dem Element Erde förderlich.

Das Jahreselement Metall

Erzeugen Sie durch glänzende Accessoires, weiße, cremefarbene und helle Oberflächen, runde Schalen und kugelförmige Elemente eine harmonische Metall-Atmosphäre, die mit kleinen Accessoires und Farben aus dem Erd-Element-Bereich sehr energiereich und ausgewogen wird. Im Bild sind es die braunen Farben, die dem Element Metall die harmonische Ausgewogenheit geben.

X

Wohnen und Einrichten
als Metall-Mensch

Der Metall-Mensch liebt eine klare, helle, glanzvolle und luftige Atmosphäre, geprägt von metallischen Elementen, wie Schalen, Bilderrahmen, Kunstgegenständen oder Lampen, die mit Einrichtungsgegenständen und Farben aus dem Erd-Element sehr harmonisch wirken; hier zu sehen in Form des Sessels auf der rechten Seite und der eierschalenfarbenen Wände.

Das Jahreselement Wasser

Erzeugen Sie Wasser-Energie beispielsweise mit Hilfe von weißen oder blauen Wänden. Hier im Bild sind es der blaue Vorhang und der blaue Sessel aus dem Bereich des Elementes Wasser sowie die goldfarbene Einfassung und die weißen Wände aus dem Metallbereich, die eine harmonische Atmosphäre der Wasser-Energie erzeugen.

Wohnen und Einrichten
als Wasser-Mensch

In dieser modernen Atmosphäre einer Großstadt mit viel Glas, Metall sowie den Farben Schwarz und Weiß wird eine Wasser-Energieform erzeugt, die dem im Jahr des Wassers geborenen Menschen, der in der Regel die Stadt liebt, förderlich ist. Dennoch sollte auch in diesem Fall das große Fenster mit Stoffelementen und Kristallen versehen werden, um eine zu starke Yang-Atmosphäre, die zu Unruhe führen könnte, zu vermeiden.

Das Jahreselement Holz

Erzeugen Sie Holz-Energie durch Korb- und Holzmaterialien, grüne Dekoration und natürliche Elemente aus Wald und Flur, die Sie in die Dekoration mit einbringen können.

Wohnen und Einrichten
als Holz-Mensch

Der im Jahr des Holzes geborene Mensch benötigt nicht nur einen schönen Balkon oder eine grüne Terrasse, sondern auch grüne Elemente in seiner Wohnung. Gestreifte Vorhänge, genauso wie grüne Farben, Holz-, Kork- und Weidenmaterialien schaffen eine ausgesprochen harmonische Atmosphäre der Holz-Energie. Kombinieren Sie diese immer mit Wasser/Zimmerbrunnen, um dem Element Holz die nötige Energie im Raum zu vermitteln.

Die Himmelsrichtungen der östlichen und westlichen Lebensgruppe

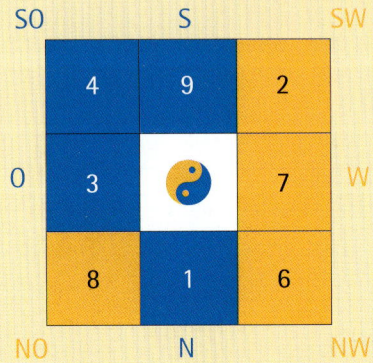

Die östliche Lebensgruppe besteht aus den Ming Kwa-Zahlen 1, 3, 4 und 9. Haben Sie beispielsweise die Ming Kwa-Zahl 3, so gehören Sie der östlichen Lebensgruppe an, und die östliche Himmelsrichtung ist exakt die Richtung, die der Ming Kwa-Zahl 3 zugeordnet ist, sodass Sie in diese Richtung mit dem Kopfende schlafen oder beim Sitzen blicken sollten. Dennoch haben Sie drei weitere günstige Richtungen, die in der obigen Grafik blau markiert sind. Diese sind der Südosten, der Süden und der Norden. Dementsprechend gilt, dass Sie, unabhängig davon welche Zahl der östlichen Lebensgruppe die Ihrige ist, immer vier günstige Himmelsrichtungen haben.

Das Gleiche gilt für die westliche Lebensgruppe. Ist Ihre Ming Kwa-Zahl beispielsweise die 8, dann ist nicht nur der Nordosten eine günstige Himmelsrichtung für Sie, sondern es sind auch der Südwesten, der Westen und der Nordwesten. Dies bedeutet in jedem Fall auch hier, dass vier Himmelsrichtungen die Lebensenergie anheben. In kinesiologischen Tests wurde immer wieder bestätigt, dass wenn ein Mensch der westlichen Lebensgruppe acht Stunden in die falschen Himmelsrichtungen, also in die der östlichen Gruppe schaut oder mit dem Kopf liegt, seine Energie nachhaltig geschwächt wird.
Deshalb sollten Sie immer Ihre günstigen Richtungen nutzen – zur Stärkung Ihrer körpereigenen Energien.

8.

Richtungs-Feng Shui

Die besten Raumlagen nach den Himmelsrichtungen

Stellen Sie sich den Sonnenlauf bildlich vor: Der Mensch wacht mit der Sonne am Morgen auf und geht mit dem Sonnenuntergang schlafen. Der Gelbe Kaiser Chinas soll seine Tätigkeiten mit dem Sonnenlauf in Übereinstimmung gebracht haben. Der Legende nach soll er 999 Räume zur Verfügung gehabt haben, und da war es sicherlich keine große Kunst, jeweils den Raum zu nutzen, der je nach Tageszeit von Licht und Sonne verwöhnt wurde ... Aber keine Angst. Es geht alles, auch mit weniger Räumlichkeiten. Dazu ist es notwendig, dass man sich im Vorfeld, also wenn man sich die Wohnung beispielsweise via Internet anschaut, ein paar Grundsatzüberlegungen mit einbezieht.

Traditionell lag früher das Schlafzimmer im Osten, so dass man die Sonne aufgehen sah. Auf der Ostseite war auch die Küche angedacht, da man natürlich dort auch frühstückte, bevor man das Haus verließ, um zur Arbeit zu gehen. Das Essen war im Südosten vorgesehen, das Wohnen und Relaxen im Süd-/Südwestbereich und die Kinderzimmer im Westen. Die Kinder gingen mit der Sonne schlafen – »Kinder des Lichts« könnte man sagen. Wenn man ein Büro benötigte, so wurde vorgeschlagen, dies im Nordwesten zu haben, weil man dort einen kühlen Kopf bewahren konnte. Auch Gäste empfahl man in dieser Himmelsrichtung unterzubringen. Bäder passten von jeher sehr gut in den dunklen

Norden, und Abstellbereiche oder Ankleidezimmer schließlich wurden im Nordosten untergebracht.

Fassen wir noch einmal zusammen:

Osten	Elternschlafzimmer
Ost/ Südosten	Küche
Südosten	Esszimmer
Süden/Südwesten	Wohnen
Westen	Kinderzimmer
Nordwesten	Büro/Gästezimmer
Norden	Badezimmer
Nordosten	Ankleide/Staubereich

Aber bevor Sie nun anfangen, Ihre Gedanken nur auf die allgemeinen Himmelsrichtungen zu richten – stopp! Es gibt noch ein paar andere Aspekte des Feng Shui zu berücksichtigen. Denn für die Raumauswahl sind auch Faktoren entscheidend wie das Prinzip von Yin und Yang:

Zum Schlafen wählen Sie am besten die Raumbereiche auf der dem Lärm abgewandten Seite des Hauses. Hier sind im günstigsten Fall wirklich Ruhe, ein Berg, höhere Bäume und die Möglichkeit zum Relaxen gegeben. Ungestört und in Frieden können Sie sich hier ausruhen. Diese ruhige Seite des Hauses wird die Yin-Seite genannt.

Sicherlich werden die meisten von Ihnen nun sagen: »Natürlich würden wir gerne alle Räume ruhig und im Grünen haben, wenn dies nur möglich wäre! Doch wir sind in Europa an eine engere Bebauung gewöhnt und müssen uns damit abfinden, dass nicht jede Wohnung nur Ruhe bietet.«

Sicher, Sie haben Recht. Sorgen wir in diesem Fall dafür, dass wir den Raum zum Schlafen wählen, der am ruhigsten gelegen ist, oder wir müssen einen Auszug in Erwägung ziehen.

Die für Sie besten Richtungen

Der Ost- und der Westmensch

Der Ostmensch ist der Morgensonnenmensch und der Westmensch der Nachmittagssonnenmensch. Dies hat weitreichende Bedeutungen. Ganz pragmatisch betrachtet benötigt der Ost- oder Morgensonnenmensch auch die Morgensonne in seinem Zuhause, und es ist günstig für ihn, morgens zu joggen oder mit dem Auto in seine gute Richtung zu fahren – der aufgehenden Sonne entgegen. Der West- oder Nachmittagssonnenmensch hingegen benötigt die warmen Strahlen der Nachmittagssonne in seinem Zuhause und sollte in die westliche Richtung morgens joggen oder mit dem Auto zur Arbeit fahren. Sie gewinnen damit mehr Energie, mehr Glück und Freude auf der ganzen Linie.

Denn wer mit dem »Himmel«, sprich mit seiner Himmelsrichtung, im Einklang lebt, hat es nicht nur leichter, seine Lebensaufgabe zu finden, sondern auch Hilfen auf seinem Weg zu bekommen; ihm steht mehr Energie im körperlichen und geistigen Sinne zur Verfügung. Das bewirkt eine gute Ausstrahlung und damit Anziehungskraft. Damit wird vieles leichter erreicht, was sonst viel Mühe erfordern würde. Man sagt nicht umsonst: »Der hat es aber leicht. Es fliegt ihm nur so zu.« Meistens hört man dies von Leuten, die einen neidischen Unterton nicht ganz verbergen können, da ihr Leben scheinbar so schwergängig verläuft. Mit seiner Richtung zu gehen und zu sein macht es einem im wahrsten Sinne des Wortes leichter.

Berechnung der Ming Kwa-Zahl

Frauen rechnen:

Zu den letzten zwei Zahlen des Geburtsjahres werden 5 dazugezählt, und das Ergebnis wird durch 9 geteilt. Der Rest ist die gesuchte Ming Kwa-Zahl. Sollte kein Rest bleiben, so ist die 9 die gesuchte Zahl.

Wenn Sie als Ergebnis 5 erhalten haben, so wird diese in die Zahl 8 umgewandelt.

Berechnungsbeispiel für eine Frau:

Geburtstag: 30.08.1957

Die Jahreszahl wird zur Konstanten 5 addiert:

57 + 5 = 62

Das Ergebnis wird durch 9 geteilt:

62 : 9 = 6,8

Der Rest (die Zahl hinter dem Komma) ist die gesuchte Ming-Kwa Zahl. Hier die Zahl 8!

Die gesuchte Zahl ist die 8. Die Acht ist eine westliche Zahl, und damit ist es günstig, in eine dieser Himmelsrichtungen zu schlafen: Westen, Südwesten, Nordosten und Nordwesten.

Männer rechnen:

Die letzten zwei Ziffern des Geburtsjahres werden durch 9 geteilt, und der Rest wird von 10 abgezogen. Für alle Berechnungen ab dem Jahr 2000 wird von der feststehenden Zahl 9 subtrahiert.

Wenn Sie als Ergebnis die Zahl 5 erhalten haben, so wird diese in die Zahl 2 umgewandelt.

Berechnungsbeispiel für einen Mann:

Geburtstag: 29.07.1964

Die Jahreszahl wird durch 9 geteilt:

64 : 9 = 7,1

Von der Konstanten 10 wird nun der Rest (die Zahl hinter dem Komma) subtrahiert.

10 – 1 = 9

Das Ergebnis ist die gesuchte Ming-Kwa Zahl. Hier die 9!

Die gesuchte Zahl ist die 9. Die Neun ist eine östliche Zahl, und damit ist es günstig, in eine dieser Himmelsrichtungen zu schlafen: Osten, Südosten, Norden und Süden.

Sie können auch in der Tabelle auf Seite 50 bis 54 nachschlagen, um Ihre Ming Kwa-Zahl zu sehen und damit zu wissen, welcher Lebensgruppe Sie angehören und welche Richtungen Ihnen Kraft bringen.

Beachten Sie, dass das chinesische Sonnenjahr erst mit dem 4. bzw. 5. Februar in Schaltjahren beginnt. Sollten Sie davor geboren worden sein, so ist Ihre Ming Kwa-Zahl eine andere, nämlich die des Vorjahres.

Die genaue Erklärung der Ming Kwa Zahl 5-Berechnung finden Sie auf der Seite 97 und 98.

Geburtsjahr und persönliches Trigramm

Jahr	Trigramm Männer	Trigramm Frauen	Jahr	Trigramm Männer	Trigramm Frauen
1900	Kan 1	Ken 8	1930	Tui 7	Ken 8
1901	Li 9	Chien 6	1931	Chien 6	Li 9
1902	Ken 8	Tui 7	1932	Kun 2	Kan 1
1903	Tui 7	Ken 8	1933	Sun 4	Kun 2
1904	Chien 6	Li 9	1934	Chen 3	Chen 3
1905	Kun 2	Kan 1	1935	Kun 2	Sun 4
1906	Sun 4	Kun 2	1936	Kan 1	Ken 8
1907	Chen 3	Chen 3	1937	Li 9	Chien 6
1908	Kun 2	Sun 4	1938	Ken 8	Tui 7
1909	Kan 1	Ken 8	1939	Tui 7	Ken 8
1910	Li 9	Chien 6	1940	Chien 6	Li 9
1911	Ken 8	Tui 7	1941	Kun 2	Kan 1
1912	Tui 7	Ken 8	1942	Sun 4	Kun 2
1913	Chien 6	Li 9	1943	Chen 3	Chen 3
1914	Kun 2	Kan 1	1944	Kun 2	Sun 4
1915	Sun 4	Kun 2	1945	Kan 1	Ken 8
1916	Chen 3	Chen 3	1946	Li 9	Chien 6
1917	Kun 2	Sun 4	1947	Ken 8	Tui 7
1918	Kan 1	Ken 8	1948	Tui 7	Ken 8
1919	Li 9	Chien 6	1949	Chien 6	Li 9
1920	Ken 8	Tui 7	1950	Kun 2	Kan 1
1921	Tui 7	Ken 8	1951	Sun 4	Kun 2
1922	Chien 6	Li 9	1952	Chen 3	Chen 3
1923	Kun 2	Kan 1	1953	Kun 2	Sun 4
1924	Sun 4	Kun 2	1954	Kan 1	Ken 8
1925	Chen 3	Chen 3	1955	Li 9	Chien 6
1926	Kun 2	Sun 4	1956	Ken 8	Tui 7
1927	Kan 1	Ken 8	1957	Tui 7	Ken 8
1928	Li 9	Chien 6	1958	Chien 6	Li 9
1929	Ken 8	Tui 7	1959	Kun 2	Kan 1

Anmerkung: Der 4. bzw. 5. Februar ist der erste Tag des chinesischen Kalenderjahres.

Nun sind wir einen großen Schritt weiter. Sehen Sie zunächst nach, zu welcher Lebensgruppe Sie gehören.

Die östliche Lebensgruppe
Sie haben eine der folgenden Zahlen ermittelt: 1, 3, 4, 9
Sie gehören zur östlichen Lebensgruppe und sind ein Morgensonnenmensch. Sie benötigen Freiraum, Licht, Luft und Sonne. Um atmen zu können sind höhere Räume und größere, offenere Situationen mit wenigen Möbeln für Sie günstig.

Die westliche Lebensgruppe
Sie haben eine der folgenden Zahlen ermittelt: 2, 6, 7, 8
Sie gehören zur westlichen Lebensgruppe und sind ein Nachmittagssonnenmensch. Sie benötigen den geschützten Raum, die Vogelperspektive, Sie schauen aus dem geschützten Nest Ihres Lieblingsplatzes nach draußen. Warmes Licht und die Urwärme des Feuers sowie kleine gemütliche Ecken sind genau das Richtige für Sie.

Ihre Himmelsrichtungen auf einen Blick
In der Tabelle *(auf Seite XVI im Farbteil)* sehen Sie, dass jede Zahl einer Ur-Himmelsrichtung angehört. So ist die Zahl 1 im Urbild dem Norden zugehörig, die 2 dem Südwesten oder die 3 dem Osten. Diese Urrichtung wird auch als *Fu Wei* bezeichnet.

Hinweise für Ihre Wohnungssuche

Wenn Sie sich eine Wohnung suchen oder auch überprüfen möchten, ob die Wohnung, in der Sie jetzt leben, zu Ihnen passt, dann nehmen Sie einfach einen Kompass, und überprüfen Sie die Lage zu den Himmelsrichtungen.

Östliche Menschen mit der Ming Kwa-Zahl 1, 3, 4, oder 9 sollten in Häusern wohnen, die ebenfalls der östlichen Gruppe angehören. Östliche Häuser »sitzen« in der Himmelsrichtung Osten, Südosten oder in unseren Breitengraden nach Norden, so dass Sie dann einen Blick nach Westen, Südwesten oder Süden haben. Auf der Südhalbkugel, wie in Australien, ist eine Sitzrichtung[1] nach Süden sehr gut möglich mit einer Blickrichtung nach Norden, weil dort die Mittagssonne steht.

Östliche Häuser haben einen Bezug zu den Elementen Wasser, Holz und Feuer. Deshalb ist es günstig, an der Eingangstür Pflanzen, Blumen, Licht und Wassersymbole zu platzieren, um das Feng Shui zu verbessern.

Westliche Menschen mit der Ming Kwa-Zahl 2, 6, 7 und 8 sollten in Häusern wohnen, die ebenfalls der westlichen Gruppe angehören. Westliche Häuser »sitzen« in der Himmelsrichtung Westen, Südwesten, Nordosten und Nordwesten. In europäischen Breitengraden ist es ungünstiger, wenn die Sitzseite nach Südwesten schaut, weil dann der Blick nach Nordosten gehen würde, wo weniger Sonne ist.

Häuser der westlichen Gruppe haben einen Bezug zu den Elementen Metall und Erde, weshalb hier Windspiele und Kristalle die Eingangssituation verbessern können und damit ein günstiges Feng Shui ermöglichen – zum Wohle aller Bewohner.

---

1) *Was eine «Sitzrichtung» ist, wird folgendermaßen definiert: Auf der Sitzseite eines Hauses befinden sich die Toiletten, Bäder, Küchen, Treppenaufgänge, die Schlafzimmer- oder Abstellräume. Auf der «Blickseite» eines Gebäudes finden Sie die Gärten, die Weite, Balkone und das Wohnzimmer.*

Sitz des Hauses	Trigramm	Zahl/Element
Nord-Haus/ östliches Haus	KAN	1/Wasser
Nordost-Haus/ westliches Haus	KEN	8/Erde
Ost-Haus/ östliches Haus	CHEN	3/Holz
Südost-Haus/ östliches Haus	SUN	4/Holz
Süd-Haus/ östliches Haus	LI	9/Feuer
Südwest-Haus/ westliches Haus	KUN	2/Erde
West-Haus/ westliches Haus	TUI	6/Metall
Nordwest-Haus/ westliches Haus	CHIEN	7/Metall

Häuser der Ostgruppe

Sitz im Süden	Trigramm Li	Element Feuer
Sitz im Osten	Trigramm Chen	Element Holz
Sitz im Südosten	Trigramm Sun	Element Holz
Sitz im Norden	Trigramm Kan	Element Wasser

Häuser der Westgruppe

Sitz im Südwesten	Trigramm Kun	Element Erde
Sitz im Westen	Trigramm Tui	Element Metall
Sitz im Nordwesten	Trigramm Chien	Element Metall
Sitz im Nordosten	Trigramm Ken	Element Erde

Die Trigramme sind verschlüsselte Informationen, die durch jeweils drei Linien ausgedrückt werden und ihren Ursprung im I-Ging haben.

Ihre Ming Kwa-Zahl ist 1

Sie gehören damit zur östlichen Lebensgruppe. Die Himmelsrichtungen Süden, Norden, Osten und Südosten sind günstig für Sie, um dort einen Raum einzunehmen, mit der Kopfrichtung beim Schlafen in eine günstige Richtung zu liegen oder in eine dieser Richtungen zu schauen:

⊙ Himmlischer Arzt, gute Heilung, Wohlstand und hilfreiche
Menschen im *Osten*.

⊙ Langlebigkeit, gutes Familieneinkommen, Arbeitsharmonie
und Unterstützung der persönlichen Ziele im *Süden*.

⊙ Friedvolle und gute Bewältigung von Angelegenheiten im *Norden*.

⊙ Vitalität und Glück, Ruhm und große Errungenschaften im
Südosten.

Ihre Ming Kwa-Zahl ist 2

Sie gehören zur westlichen Lebensgruppe. Die Himmelsrichtungen Südwesten, Nordosten, Westen und Nordwesten sind günstige Richtungen, um dort
einen Raum einzunehmen, mit der Kopfrichtung beim Schlafen in eine günstige Richtung zu liegen oder in eine dieser Richtungen zu schauen:

⊙ Himmlischer Arzt, gute Heilung, Wohlstand und hilfreiche
Menschen im *Westen*.

⊙ Langlebigkeit, gutes Familieneinkommen, Arbeitsharmonie
und Unterstützung der persönlichen Ziele im *Nordwesten*.

⊙ Friedvolle und gute Bewältigung von Angelegenheiten im
Südwesten.

⊙ Vitalität und Glück, Ruhm und große Errungenschaften im
Nordosten.

Ihre Ming Kwa-Zahl ist 3

Sie gehören damit zur östlichen Lebensgruppe. Die Himmelsrichtungen Süden, Norden, Osten und Südosten sind günstig für Sie, um dort einen Raum
einzunehmen, mit der Kopfrichtung beim Schlafen in eine günstige Richtung
zu liegen oder in eine dieser Richtungen zu schauen:

⊙ Himmlischer Arzt, gute Heilung, Wohlstand und hilfreiche
Menschen im *Norden*.

⊙ Langlebigkeit, gutes Familieneinkommen, Arbeitsharmonie
und Unterstützung der persönlichen Ziele im *Südosten*.

⊙ Friedvolle und gute Bewältigung von Angelegenheiten im *Osten*.

⊙ Vitalität und Glück, Ruhm und große Errungenschaften im *Süden*.

Ihre Ming Kwa-Zahl ist 4

Sie gehören damit zur östlichen Lebensgruppe. Die Himmelsrichtungen Süden, Norden, Osten und Südosten sind günstig für Sie, um dort einen Raum einzunehmen, mit der Kopfrichtung beim Schlafen in eine günstige Richtung zu liegen oder in eine dieser Richtungen zu schauen:

- Himmlischer Arzt, gute Heilung, Wohlstand und hilfreiche Menschen im *Süden*.
- Langlebigkeit, gutes Familieneinkommen, Arbeitsharmonie und Unterstützung der persönlichen Ziele im *Osten*.
- Friedvolle und gute Bewältigung von Angelegenheiten im *Südosten*.
- Vitalität und Glück, Ruhm und große Errungenschaften im *Norden*.

Ihre Ming Kwa-Zahl ist 6

Sie gehören zur westlichen Lebensgruppe. Die Himmelsrichtungen Südwesten, Nordosten, Westen und Nordwesten sind günstige Richtungen, um dort einen Raum einzunehmen, mit der Kopfrichtung beim Schlafen in eine günstige Richtung zu liegen oder in eine dieser Richtungen zu schauen:

- Himmlischer Arzt, gute Heilung, Wohlstand und hilfreiche Menschen im *Nordosten*.
- Langlebigkeit, gutes Familieneinkommen, Arbeitsharmonie und Unterstützung der persönlichen Ziele im *Südwesten*.
- Friedvolle und gute Bewältigung von Angelegenheiten im *Nordwesten*.
- Vitalität und Glück, Ruhm und große Errungenschaften im *Westen*.

Ihre Ming Kwa-Zahl ist 7

Sie gehören zur westlichen Lebensgruppe. Die Himmelsrichtungen Südwesten, Nordosten, Westen und Nordwesten sind günstige Richtungen, um dort einen Raum einzunehmen, mit der Kopfrichtung beim Schlafen in eine günstige Richtung zu liegen oder in eine dieser Richtungen zu schauen:

⊙ Himmlischer Arzt, gute Heilung, Wohlstand und hilfreiche Menschen im *Südwesten*.

⊙ Langlebigkeit, gutes Familieneinkommen, Arbeitsharmonie und Unterstützung der persönlichen Ziele im *Nordosten*.

⊙ Friedvolle und gute Bewältigung von Angelegenheiten im *Westen*.

⊙ Vitalität und Glück, Ruhm und große Errungenschaften im *Nordwesten*.

Ihre Ming Kwa-Zahl ist 8

Sie gehören zur westlichen Lebensgruppe. Die Himmelsrichtungen Südwesten, Nordosten, Westen und Nordwesten sind günstige Richtungen, um dort einen Raum einzunehmen, mit der Kopfrichtung beim Schlafen in eine günstige Richtung zu liegen oder in eine dieser Richtungen zu schauen:

⊙ Himmlischer Arzt, gute Heilung, Wohlstand und hilfreiche Menschen im *Nordwesten*.

⊙ Langlebigkeit, gutes Familieneinkommen, Arbeitsharmonie und Unterstützung der persönlichen Ziele im *Westen*.

⊙ Friedvolle und gute Bewältigung von Angelegenheiten im *Nordosten*.

⊙ Vitalität und Glück, Ruhm und große Errungenschaften im *Südwesten*.

Ihre Ming Kwa-Zahl ist 9

Sie gehören damit zur östlichen Lebensgruppe. Die Himmelsrichtungen Süden, Norden, Osten und Südosten sind günstig für Sie, um dort einen Raum einzunehmen, mit der Kopfrichtung beim Schlafen in eine günstige Richtung zu liegen oder in eine dieser Richtungen zu schauen:

⊙ Himmlischer Arzt, gute Heilung, Wohlstand und hilfreiche Menschen im *Südosten*.

⊙ Langlebigkeit, gutes Familieneinkommen, Arbeitsharmonie und Unterstützung der persönlichen Ziele im *Norden*.

⊙ Friedvolle und gute Bewältigung von Angelegenheiten im *Süden*.

⊙ Vitalität und Glück, Ruhm und große Errungenschaften im *Osten*.

Bestimmung der besten Kompass-Richtungen

Trigramm (Ming Kwa-Zahl)	beste Richtung	zweitbeste Richtung	drittbeste Richtung	viertbeste Richtung
Kan 1	SO	O	S	N
Kun 2	NO	W	NW	SW
Chen 3	S	N	SO	O
Sun 4	N	S	O	SO
Chien 6	W	NO	SW	NW
Tui 7	NW	SW	NO	W
Ken 8	SW	NW	W	NO
Li 9	O	SO	N	S

Bestimmung der ungünstigen Kompass-Richtungen

Trigramm (Ming Kwa-Zahl)	ungünstigste Richtung	zweit-ungünstigste Richtung	dritt-ungünstigste Richtung	viert-ungünstigste Richtung
Kan 1	W	NO	NW	SW
Kun 2	O	SO	S	N
Chen 3	SW	NW	NO	W
Sun 4	NW	SW	W	NO
Chien 6	SO	O	N	S
Tui 7	N	S	SO	O
Ken 8	S	N	O	SO
Li 9	NO	W	SW	NW

9.
Mit den 8 Richtungen zu mehr Glück

Schon bei der Vorauswahl einer neuen Wohnung ist es wichtig, sich die Raumsektoren einmal genauer anzuschauen. Der Schlüssel zum Glück liegt darin, dass Sie sich in Räumen aufhalten, die in den für Sie vier günstigen Richtungen liegen. Natürlich können Sie in der Feinabstimmung auch innerhalb der Räume sehen, dass Sie in eine Ihrer guten Richtungen blicken, beispielsweise in Ihre Sheng Chi-Richtung, um Erfolg anzuziehen. Oder Sie schlafen mit Ihrem Kopf in die Nien Yen-Richtung, um die Liebesbeziehungen zu stärken oder eine neue Liebe zu finden. Der Blick von Ihrem Arbeitsplatz aus sollte dagegen in die Fu Wei-Richtung gehen, um die Aufgaben leichter erledigen zu können und um das Lernen zu begünstigen. Sind Sie krank, oder müssen Sie sich von einer Krankheit erholen, so empfehlen Ihnen die alten Meister des Feng Shui in die Richtung Tien Yi zu schauen, eine Heilrichtung.

Trigramm	Gruppe	Element	Richtung für Eingang				Richtung für wichtigstes Schlafzimmer			
			günstig		ungünstig		günstig		ungünstig	
Kan 1	Ost	Wasser	SQ	SO	HH	W	FW	N	HH	W
			TY	O	LS	NW	YN	S	LS	NW
			YN	S	WG	NO	TY	O	WG	NO
			FW	N	JM	SW	SQ	SO	JM	SW

Trigramm	Gruppe	Element	Richtung für Eingang				Richtung für wichtigstes Schlafzimmer			
			günstig		ungünstig		günstig		ungünstig	
Kun 2	West	Erde	SQ	NO	HH	O	FW	SW	HH	O
			TY	W	LS	S	YN	NW	LS	S
			YN	NW	WG	SO	TY	W	WG	SO
			FW	SW	JM	N	SQ	NO	JM	N
Chen 3	Ost	Holz	SQ	S	HH	SW	FW	O	HH	SW
			TY	N	LS	NO	YN	SO	LS	NO
			YN	SO	WG	NW	TY	N	WG	NW
			FW	O	JM	W	SQ	S	JM	W
Sun 4	Ost	Holz	SQ	N	HH	NW	FW	SO	HH	NW
			TY	S	LS	W	YN	O	LS	W
			YN	O	WG	SW	TY	S	WG	SW
			FW	SO	JM	NO	SQ	N	JM	NO
Chien 6	West	Metall	SQ	W	HH	SO	FW	NW	HH	SO
			TY	NO	LS	N	YN	SW	LS	N
			YN	SW	WG	O	TY	NO	WG	O
			FW	NW	JM	S	SQ	W	JM	S
Tui 7	West	Metall	SQ	NW	HH	N	FW	W	HH	N
			TY	SW	LS	SO	YN	NO	LS	SO
			YN	NO	WG	S	TY	SW	WG	S
			FW	W	JM	O	SQ	NW	JM	O
Ken 8	West	Erde	SQ	SW	HH	S	FW	NO	HH	S
			TY	NW	LS	O	YN	W	LS	O
			YN	W	WG	N	TY	NW	WG	N
			FW	NO	JM	SO	SQ	SW	JM	SO
Li 9	Ost	Feuer	SQ	O	HH	NO	FW	S	HH	NO
			TY	SO	LS	SW	YN	N	LS	SW
			YN	N	WG	W	TY	SO	WG	W
			FW	S	JM	NW	SQ	O	JM	NW

Glücksrichtungen

In Räumen, die in folgende Richtungen weisen, sollten Sie acht Stunden verbringen, in diese Richtungen blicken oder Ihren Kopf in eine dieser Richtungen betten.

SQ – Sheng Chi

Sie ist die Reichtumsrichtung und begünstigt den Wohlstand. Idealerweise ist hier Ihr Wohnungs- oder sogar der Hauseingang.

Blicken Sie in Ihre Reichtumsrichtung, so sollte auch das, auf das Sie schauen, aufbauend und dem Reichtum entsprechend sein: ein Goldgefäß, ein Wasserbrunnen, ein Aquarium, ein Wasserfallbild oder große Pflanzen. Im Kapitel über den Reichtum werde ich Ihnen hierzu noch mehr erklären.

YN – Nien Yen

Sie ist die Richtung der Liebe. Wer in diese Richtung schläft, zieht das Glück einer Partnerschaft, Liebe und Ehe an. Wenn Sie einen Gefährten suchen oder Ihre Liebe wenig Schwung hat, dann sollten Sie diese Richtung bevorzugen.

TY – Tien Yi

Sie ist die Richtung der Gesundheit. Gerade, wenn man eine Krankheit auskurieren möchte, sollte man bevorzugt diese Richtung beim Schlafen wählen oder einen Raum in dieser Richtung einnehmen.

FW – Fu Wei

Sie ist die Richtung des persönlichen Wachstums. Kinder, die noch zur Schule gehen, oder Menschen, die sich beruflich aus- und weiterbilden, profitieren von der Richtung Fu Wei.

Unheilsrichtungen

In Räumen, die in folgende Richtungen weisen, sollten Sie sich nicht länger als drei Stunden aufhalten, um kein nachhaltiges Unglück anzuziehen.

HH – Ho Hai

Sie ist die Richtung, in der man sich leicht über Kleinigkeiten ärgert, deshalb sollten Sie möglichst nicht in diesem Raum schlafen. Projekte brauchen hier länger als erwünscht, und Sie erleben häufiger Rückschläge.

WG – Wu Kwei

Die Richtung von Wu Kwei wird auch als Richtung der »fünf Geister« bezeichnet, Klatsch, Tratsch und Skandalgeschichten sind häufig an der Tagesordnung. So allerhand Unruhestifter sind hier dabei, Ihnen das Leben schwer zu machen.

LS – Lui Sha

Sie ist die Richtung der »6 Tode« oder auch der »6 Unglücksfälle«. Nicht selten verliert man seinen guten Namen, erleidet Verluste und Krankheiten. Kein guter Ort zum Schlafen.

JM – Chuen Ming

Diese Richtung verheißt nichts Gutes. Sie bedeutet den vollkommenen Verlust von Reichtum und Gesundheit. Meiden Sie es, hier Ihr Schlafzimmer zu haben.

Um im Endeffekt beurteilen zu können, ob eine Richtung wirklich ungünstig für Sie ist, wird ein Meister des Feng Shui auch das »System der Fliegenden Sterne«, das Feixing-Pei, heranziehen. Bevor Sie sich also Sorgen machen, lassen Sie einen Meister seines Faches zu Ihnen kommen. Im schlimmsten Fall ziehen Sie gar nicht erst ein – oder wieder aus!

Die östliche Lebensgruppe

Ihre Ming Kwa-Zahl	1	3	4	9
Sheng Chi *Reichtum*	SO	S	N	O
Nien Yen *Liebe*	S	SO	O	N
Tien Yi *Gesundheit*	O	N	S	SO
Fu Wei *Lernen*	N	O	SO	S
Ho Hai *Unglück*	W	SW	NW	NO
Wu Kwei *Fünf Geister*	NO	NW	SW	W
Lui Sha *Sechs Tode*	NW	NO	W	SW
Chuen Ming *Verluste*	SW	W	NO	NW

Die westliche Lebensgruppe

Ihre Ming Kwa-Zahl	2	6	7	8
Sheng Ch *Reichtum*	NO	W	NW	SW
Nien Yen *Liebe*	NW	SW	NO	W
Tien Yi *Gesundheit*	W	NO	SW	NW
Fu Wei *Lernen*	SW	NW	W	NO
Ho Hai *Unglück*	O	SO	N	S
Wu Kwei *Fünf Geister*	SO	O	S	N
Lui Sha *Sechs Tode*	S	N	SO	O
Chuen Ming *Verluste*	N	S	O	SO

Besonderheiten der Ming Kwa-Zahl 5

Beachten Sie bitte, dass Sie, wenn Sie die Ming Kwa-Zahl selbst errechnen, ein Ergebnis von 5 erhalten können. Diese Zahlen müssen Sie dann in die weibliche Ming Kwa-Zahl 8 oder die männliche Ming Kwa-Zahl 2 wandeln. Hier gibt es eine Sonderregelung.

Beispiel:

Sie sind am 14. August 1950 geboren und ein Mann.

Dann rechnen Sie:

50:9 = 5   9x5 = 45

Von 45 bis 50 = Rest 5

10-5 = 5 (vorläufiges Ergebnis, vor der Umwandlung)

Die Ming Kwa-Zahl ist in diesem Fall die 5, die anschließend in die 2 umgewandelt wird, da Sie ein Mann sind.

Die nachfolgenden Informationen beschäftigen sich ausschließlich mit dem Fall der 5, die in diesem Fall nicht in die 2 (bei Männern) oder in die 8 (bei Frauen) umgewandelt wird.

Dies betrifft Männer in den Jahrgängen 1905, 1914, 1923, 1932, 1941, 1950, 1959, 1968, 1977, 1968, 1995, 2004.

Frauen in den Jahrgängen 1900, 1909, 1918, 1927, 1936, 1945, 1954, 1963, 1972, 1981, 1990, 1999 haben ebenfalls die Zahl 5 als Grundlage, bevor Sie diese in die Ming Kwa-Zahl 8 wandeln.

Ich möchte Sie an dieser Stelle daran erinnern, dass der Jahresanfang für die Ming Kwa-Zahl-Berechnung der 4. Februar ist.

Die westliche Lebensgruppe

Ihre Ming Kwa-Zahl	5 (Mann)	5 (Frau)
Sheng Ch *Reichtum*	NO	SW
Nien Yen *Liebe*	NW	W
Tien Yi *Gesundheit*	W	NW
Fu Wei *Lernen*	SW	NO
Ho Hai *Unglück*	O	S
Wu Kwei *Fünf Geister*	SO	N
Lui Sha *Sechs Tode*	S	O
Chuen Ming *Verluste*	N	SO

Praktische Anwendung

Räume, die in ungünstige Richtungen weisen, eignen sich als Küchenbereiche, Bäder, Abstellkammern, Gästezimmer, Bügelräume, Ankleideräume oder

Flure. Halten Sie sich dort nach Möglichkeit nicht länger als drei Stunden am Tag auf.

Räume, die in günstige Richtungen weisen, sind dem Relaxen, Arbeiten und Schlafen vorbehalten. Hier acht Stunden zu verweilen, das ist segensreich.

Tür

Ihre Haus- oder/und Wohnungseingangstür sollte in eine gute Richtung weisen. Dadurch haben Sie beim Betreten der Wohnung die gute Richtung im Rücken, und beim Verlassen der Wohnung blicken Sie in diese.

Schlafen

Sowohl Ihr Schlafzimmer als auch die Kopfseite Ihres Bettes sollten in eine gute Richtung weisen.

Küche

Die Küche sollte in einer für Sie ungünstigen Richtung liegen, weil sie das für Sie negative Chi unterdrückt.

Herd/Wok/Wasserkocher

Der Strom für die Geräte sollte aus einer für Sie günstigen Richtung zu den Geräten hinfließen. So nehmen Sie über Ihre gekochte Nahrung oder Ihren Tee das für Sie günstige Richtungs-Chi auf.

Arbeiten/Essen/Relaxen

Schauen Sie bei all den Tätigkeiten, die Ihnen lieb und wichtig sind, in eine Ihrer günstigen Richtungen.

Umzug

Wenn Sie umziehen, dann stellen Sie sicher, dass Sie in eine Ihrer günstigen Richtungen, vom jetzigen Standort aus gesehen, ziehen.

Unterwegs

Prägen Sie sich Ihre günstigen Richtungen ein.

Am besten ist es, wenn Sie einen kleinen Taschenkompass bei sich tragen und für Aufenthalte außer Haus Glück bringende Richtungen einschlagen können, ob im Büro, im Café oder wo immer es sich anbietet.

Korrekturen und Hilfen

Was können Sie tun, wenn die Richtungen, die Sie brauchen, um mehr Glück in Ihr Leben einzuladen, in Ihrem derzeitigen Wohndomizil nicht möglich sind, um dort zu schlafen oder zu arbeiten?

- ⊙ Sie können ausziehen.
- ⊙ Sie können jeden Morgen in die Richtung joggen, walken oder mit dem Hund spazieren gehen, die zu Ihren vier günstigen Richtungen zählt.
- ⊙ Sie können den Weg zur Arbeit oder zum Einkauf in die für Sie günstige Richtung beginnen.
- ⊙ Sie können zur Türkorrektur innen das Glück bringende rote »Türband« links und/oder rechts von der Tür aufhängen.
- ⊙ Sie sollten dort, wo Sie arbeiten, in günstige Richtungen sitzen sowie in diese schauen, und auch Ihr Arbeitsraum sollte sich in einer für Sie günstigen Richtung befinden.

Natürlich können Sie damit nicht alles regulieren, aber Sie können Ihre Situation verbessern. Mehr Glück werden Sie auf jeden Fall haben, wenn Sie von vornherein eine Wohnung wählen, die in einem Haus liegt, das mit Ihrer Lebensgruppe in Übereinstimmung steht und in dem Sie in den für Sie besten Räumen schlafen und leben können.

火土金水木

10.
Einrichten nach Ihrem persönlichen chinesischen Tierkreiszeichen

Charakter und Einrichtung nach den Tierkreiszeichen

Anhand Ihres chinesischen Tierkreiszeichens können Sie leicht herausfinden, welche Persönlichkeitsaspekte noch in Ihnen schlummern, und zusätzliche Hinweise für die Einrichtung Ihrer Wohnung erhalten. Für die Bestimmung Ihres Tierkreiszeichens nehmen Sie bitte die Tabelle auf Seite 50 bis 54 zu Hilfe. Beachten Sie hierbei bitte, dass die Zeitrechnung des asiatischen Mondjahres von der westlichen Zeitrechnung abweicht.

Die zwölf irdischen Äste – Ast nennt man jeweils einen Abschnitt eines 12-jährigen Zyklus' – sind die zwölf Erdenergieformen; sie sind auch als die zwölf Tiere des asiatischen Tierkreises bekannt.

Zwischen den Strömungen der Erde bestehen Wechselbeziehungen, die sich in regelmäßigen, zwölfteiligen Zyklen wiederholen. Diese Zyklen sind in einem sich alle zwölf Jahre, alle zwölf Monate und alle zwölf Stunden wiederholenden Rhythmus zu beobachten. Sie haben ihre Wirkung auf die zwölf Hauptmeridiane des Körpers und beeinflussen so das vegetative System und damit die Gesundheit und Leistungsfähigkeit des Organismus'.

Ein Zyklus von 12 Jahren beginnt jeweils mit einem Ast bzw. dem Jahr der Ratte, und dann folgen die Jahre des Büffels, des Tigers, des Hasen, des Drachen, der Schlange, des Pferdes, des Schafes, des Affen, des Hahnes, des Hundes und des Schweins. Letzteres schließt den Kreis.

2008 war das Jahr der Ratte. Damit begann wieder ein Zyklus von 12 Ästen. Jedes Jahr folgt ein anderes Tier, aber immer in der genannten Reihenfolge. Wenn man also weiß, in welchem Jahr ein Mensch geboren ist, dann kann man den Ast seiner Geburt zurückverfolgen und somit das Geburtsjahrestier feststellen.

Kennt man seinen Ast, sein Tierkreiszeichen, kann man charakterliche Bezüge herleiten und die Wohnungseinrichtung differenzierter darauf abstimmen. Ein Hahn-Geborener zum Beispiel wird insbesondere für aufrichtiges Lob empfänglich sein, Aussicht und Weitblick wünschen. Ein Raum im oberen Geschoss mit Fernblick gefällt ihm, und er wird sich dort gut platziert und unterstützt fühlen. Ein Raum im Souterrain hingegen wird ihm die Arbeitskraft rauben und ihn weniger gut motivieren, es sei denn, dass durch eine Hanglage Aussicht und Weite gegeben sind.

Sehen wir uns also die Charakteristika der Tierkreiszeichen an, und gehen wir dann gemeinsam auf ihre räumlichen Bedürfnisse ein. Sie werden sehen, Ihre eigenen Wohn- und Arbeitsvorlieben, die Ihrer Partner und Ihrer Kinder werden Ihnen nach der Lektüre klarer und verständlicher erscheinen.

Sehen Sie hier auch die Beziehungen der Tiere unter sich. Es gibt einen harmonischen und einen sich unterstützenden Zyklus. Tierkreiszeichen, die sich genau gegenüberliegen, befinden sich in einer problematischen Verbindung. Sie sind sehr unterschiedlich in ihren Ansichten. Dadurch ergeben sich Aufgabenstellungen innerhalb der Familie oder auch bei der Arbeit.

(Anmerkung: Zwei der Tierkreiszeichen im Feng Shui weisen variierende Namen auf. So ist für den hier gebrauchten Begriff »Büffel« auch die Bezeichnung »Ochse« gebräuchlich, und der in diesem Buch als »Hase«-Geborener Bezeichnete wird häufig auch als »Katze« gelistet.)

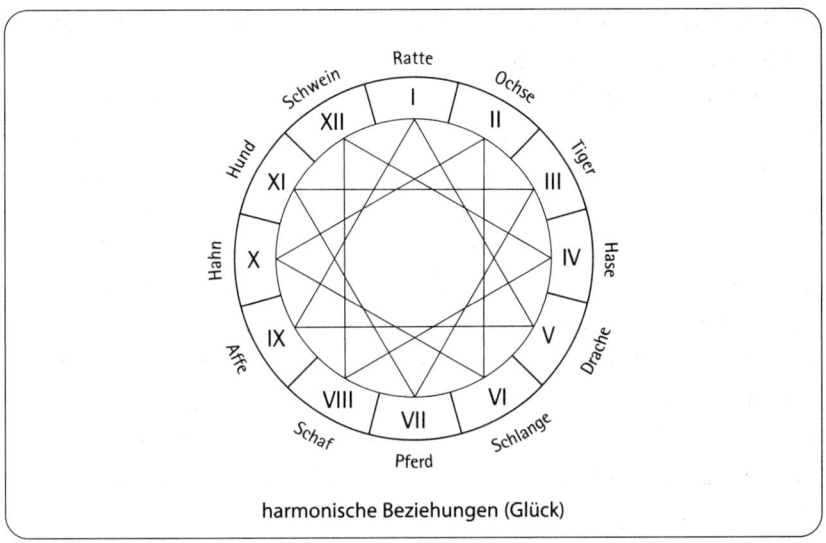

harmonische Beziehungen (Glück)

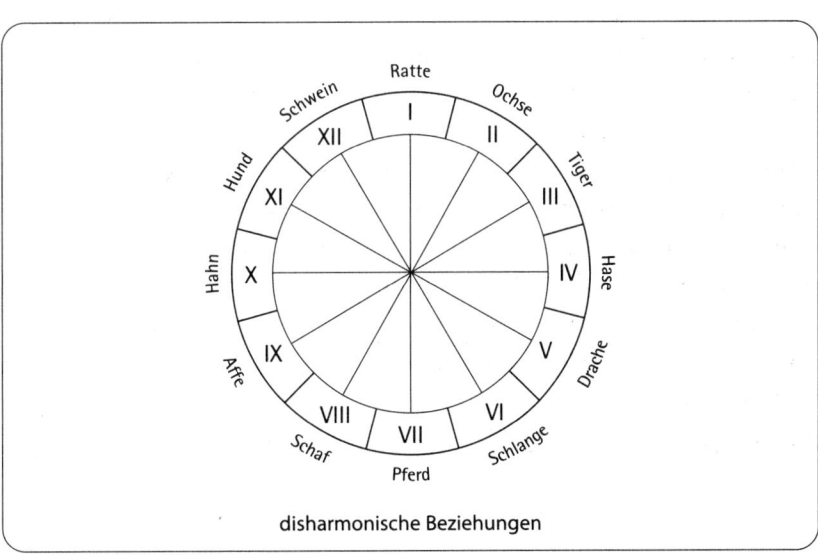

disharmonische Beziehungen

Die Ratte

Berühmte »Ratten« sind:
Wolfgang Amadeus Mozart, Leo Tolstoi, Diego Maradonna, Doris Day,
Otto von Bismarck, Konrad Adenauer

Der Ratte-Geborene gilt als intelligent, charmant, edel im Geschmack und
großartig in seinem Auftreten. Er gibt alles, was er hat, will aber dafür belohnt
werden. Er ist der Ansicht, dass man seine Leistung sowieso nicht hoch genug
einschätzt. Vergessen Sie also nicht, ihn zu loben, und überlassen Sie auf alle
Fälle dem Ratte-Geborenen zunächst das Wort, da er ohnehin glaubt, immer
im Recht zu sein.

Ein Ratte-Geborener wird in der Regel sehr viel für seine Lieben tun: Für
eine gute Ernährung wird er genauso sorgen wie für Möglichkeiten der Fitness.
Er braucht das Gefühl, helfen zu können, und eine Wohnung, die es ihm ermöglicht, Leute einzuladen.

Der Ratte-Geborene sollte seine zur Kritik neigende Seite unter Kontrolle
halten und nicht um jede Kleinigkeit feilschen. Schenken Sie Ihrem Partner aus
dem Zeichen Ratte ein paar Muscheln für seine Sammlung, oder bedenken Sie
ihn mit einem Buch, das seine Neugier befriedigt.

Sollten Sie einen Ratte-Geborenen kennen, der glaubt, dass die Welt einfach ein scheußlicher Platz mit viel zu vielen Verpflichtungen ist, dann sollte
er den Nordwesten seiner Räume, den »Bereich der hilfreichen Menschen und
Geschäftspartner« aktivieren.

Wohnebene
Erdgeschoss und Souterrain

Wohnstil
Tradition und Moderne harmonieren hier vortrefflich, gemütlich und
geschmackvoll.

Ihre Glücksrichtung

Sind Sie in einem Jahr der Ratte geboren (1924, 1936, 1948, 1960, 1972, 1984, 1996 oder 2008), dann liegt Ihre spezielle Glücksrichtung zwischen 337,5 Grad und 7,5 Grad.

Hängen Sie das Bild einer Ratte auf, denn dies verstärkt Ihre Präsenz. Auch ein Wasserobjekt oder ein Bild mit Wasser als Hauptmotiv kann in Ihrer Glücksecke sehr positiv wirken. Aber Achtung! Alles, was destruktiv in Ihrer persönlichen Glücksrichtung ist, wird Ihr Glück schwinden lassen.

Zwei weitere für Sie positive Bereiche sind:

die Himmelsrichtung des Drachens: Ost-Südost

die Richtung des Affens: West-Südwest

Der Büffel

Bekannte »Büffel« sind:

Richard Nixon, Willy Brandt, Niki Lauda, Meryl Streep, Jackie Collins, Sammy Davis jr., Hans Christian Andersen, Margret Thatcher und Charlie Chaplin

Sollten Sie einen Menschen kennen, der alles für seine Lieben tut und zudem keine Überstunden scheut sowie sich mit mühevoller Arbeit nach oben kämpft, dann ist es sicher ein Büffel-Geborener. Der Büffel ist in der Lage, viel zu leisten und fällt durch seine Beständigkeit, seine Gutmütigkeit und seine Treue auf. Gönnen Sie Ihrem Partner, der wortkarg und klaglos Stunde für Stunde arbeitet, Abwechslung und Erholung. Verändern Sie aber in seiner Abwesenheit möglichst nichts, denn er ist ein Pedant! Verantwortungsbewusst und geradlinig, methodisch, verlässlich und geduldig verrichtet der Büffel sein Werk, Partner an seiner Seite bewundern seine methodische Vorgehensweise.

Hat er erst einmal gesagt, dass er Sie liebt, muss er es ja nicht ständig wiederholen, oder? Er zeigt es durch unermüdliches Arbeiten. Im ungünstigsten Fall kann der Büffel engstirnig, nachtragend und rachsüchtig werden.

Sie, als Partner an seiner Seite, sollten wissen, dass ihm das Wahren von Traditionen wichtig ist, Lob und Anerkennung sind Balsam für seine Seele.

Besonders gut kann der Büffel-Geborene in einer grünen Umgebung leben und arbeiten, der Blick auf Bäume oder Pflanzen ist für ihn wohltuend. Aber auch Landschaftsbilder und eine ruhige Atmosphäre bringen diesem Menschen ein Maximum an Wohlgefühl und Unterstützung.

Wohnebene
Erdgeschoss und Souterrain

Wohnstil
Gemütlich, praktisch, gartennah – so lebt der Büffel auf.

Ihre Glücksrichtung
Sind Sie in einem Jahr des Büffels geboren (1913, 1925, 1937, 1949, 1961, 1973, 1985 oder 1997), dann liegt Ihre spezielle Glücksrichtung zwischen 7,5 Grad und 37,5 Grad Nord-Nordost.

Stellen Sie die Figur einer Kuh oder eines Büffels (abhängig davon, ob Sie männliche oder weiblich sind) aus Ton oder Kristall in Ihren Glücksbereich. Sie können natürlich auch ein Bild dieser Tiere dort aufhängen. Die Kuh soll insbesondere Wünsche wahr werden lassen.

Zwei weitere für Sie positive Bereiche sind:
die Himmelsrichtung der Schlange: Süd-Südost
die Richtung des Hahnes: Westen

Der Tiger

Bekannte »Tiger« sind:
Ho Tschi Minh, Jackie Onassis, Prinzessin Anne von England, Demi Moore, Oscar Wilde, Albrecht Dürer, Queen Elisabeth, Marylin Monroe, Kurt Tucholsky

Der Tiger-Geborene besitzt Tugenden wie Höflichkeit, Ehre und Feinfühligkeit. Oft wird er auch als impulsiv, lebhaft und dynamisch erlebt, was seinen erst genannten Eigenschaften aber nicht abträglich ist. Seine Energie ist ansteckend, und oft ermuntert er andere, denen es momentan nicht so gut geht. Bremsen kann man ihn kaum, und er macht ohnehin, was er sich in den Kopf gesetzt hat. Die meisten bewundern ihn deshalb. Er ist mit dieser Gabe auch schon vorangekommen, wo andere längst entmutigt aufgegeben haben. Stiller Applaus, auch von seinen Neidern, ist ihm daher sicher. Der Tiger-Geborene braucht die Herausforderung, berufliche Veränderung und einen einflussreichen Posten. Seine natürliche Autorität hilft ihm, den Weg nach oben zu nehmen.

Einengungen, zeitliche Begrenzungen und Zwänge im Allgemeinen mag er nicht, und besonders seine Freiheit ist ihm heilig. Er benötigt ein gewisses Maß an Freiraum, auch innerhalb der eigenen vier Wände, ein Zuviel an Gegenständen und Nippes engt ihn ein.

Der Tiger-Geborene muss zudem immer mit Exotik umgeben sein: Ein Zebra-Bild oder exklusive Dekorationen, die nicht jeder hat, sind seine Welt. »Hauptsache anders«, so könnte sein Motto lauten. – Wenn Sie diesen extrovertierten Charakterzug tolerieren und seine kleinen Schwächen nicht vor der breiten Masse offenlegen, wird er Sie sicher in sein Herz schließen. Lassen Sie ihn auf alle Fälle sein Herz ausschütten, und ermuntern Sie ihn; er wird Ihnen dankbar sein.

Wohnebene
Erd- und Obergeschoss

Wohnstil
Modern, offen, freie Räume, wenig Accessoires, Edles und Feines – das ist der Wohnstil des Tigers.

Ihre Glücksrichtung

Sind Sie in einem Jahr des Tigers geboren (1914, 1926, 1938, 1950, 1962, 1974, 1986 oder 1998), dann liegt Ihre spezielle Glücksrichtung zwischen 37,5 Grad und 67,5 Grad Ost-Nordost.

Wenn Sie Ihr Liebes- und Beziehungsglück stärken wollen, so können Sie eine dekorative Abbildung oder die Figur eines Tigers in den Bereich Ost-Nordost stellen. Insbesondere sind Holzfiguren förderlich, da das natürliche Element des Tigers das Holz ist. Sie können auch alle anderen Holzobjekte hierfür verwenden, die Sie über Künstler beziehen können (Adressen finden Sie im Anhang).

Befinden sich in dem Glücksbereich eine Toilette oder Küche, so schmälert dies das Glück. Stellen Sie in diesem Fall in den vorgenannten Wohnungsbereichen kleine Pflanzen auf, und nutzen Sie das Material Holz, beispielsweise in Form einer Bademattte aus Bambus oder auch Bambusstangen zur Dekoration (Bezugsquellen siehe Anhang).

Zwei weitere für Sie positive Bereiche sind:
die Himmelsrichtung des Pferdes: Süden
die Richtung des Hundes: West-Nordwest

Der Hase

Bekannte Hasen sind:
Fidel Castro, Karl Marx, Paul Klee, Franz-Josef Strauß, David Rockefeller, Queen Victoria, Albert Einstein

Bitte keine konfliktbeladenen Situationen für Hasen! Sicherheit steht an oberster Stelle, und am besten sind für ihn die eigenen vier Wände.

Der Hase-Geborene hat viele lobenswerte Eigenschaften wie Anstand, Milde und Diplomatie, doch auch seine Klugheit, Reserviertheit und Kultiviertheit machen ihn beliebt – auf ihn ist Verlass. Sein Händchen in finanziellen Transaktionen, seine Geschäftstüchtigkeit, sein taktisches Geschick und sein Verhandlungstalent machen ihn zudem zu einem beliebten Partner. Kritikfähigkeit gehört allerdings nicht zu seinen Stärken.

In der Umgebung des Hase-Geborenen müssen Sauberkeit und Ordnung herrschen, übrigens zwei der ersten Feng Shui-Prinzipien. Gute Regalsysteme und eine behagliche Atmosphäre zieht er zugigen Räumen und großen Glasflächen vor. Ist zu Hause die Situation angespannt, so findet man den Hase-Geborenen auch noch abends im Büro oder Geschäft. Ist auch dort die Atmosphäre drückend und konfliktbeladen, dann leiden die Leistungsfähigkeit und Gesundheit. Deshalb sind Feng Shui-Maßnahmen, wie das Aufhängen von kleinen Kristallen in den Fenstern, gelbe oder lindgrün gestrichene Räume, Zitronen-Orangen-Düfte, positiv. Schönes Licht, abgerundete Tischformen und Bilder mit Naturmotiven sind nicht nur wohltuend, sondern schaffen auch eine freudige Atmosphäre.

Der Hase-Geborene braucht eine schöne Umgebung, in der er seine Talente entfalten kann. Dann setzt er sich auch gern für seine Lieben, die Öffentlichkeit, für Kirchen oder Notleidende ein.

Wohnebene
Erdgeschoss

Wohnstil
Ein warmer Einrichtungsstil, Kamine und Teppichböden entsprechen dem Hasen.

Ihre Glücksrichtung
Sind Sie in einem Jahr des Hasen geboren (1915, 1927, 1939, 1951, 1963, 1975, 1987 oder 1999), dann liegt Ihre spezielle Glücksrichtung zwischen 67,5 und 97,5 Grad Osten.

Wenn Sie Ihr Liebes- und Beziehungsglück aktivieren möchten, so können Sie ein Bild mit einem Hasenpaar oder auch ein hölzernes Hasenpaar in diesem Bereich platzieren. Befinden sich in dem Glücksbereich eine Toilette oder Küche, so schmälert dies das Glück. Stellen Sie in diesem Fall in den vorgenannten Wohnungsbereichen kleine Pflanzen auf.

Auch der Hase zieht seine Energie aus dem Jahreselement Holz, weshalb Elemente aus Kork und Bambus (Bezugsquellen siehe Anhang) unterstützend wirken.

Zwei weitere für Sie positive Bereiche sind:
die Himmelsrichtung des Schafes: Süd-Südwest
die Richtung des Schweines: Nord-Nordwest

Der Drache

Bekannte »Drachen« sind:
Friedrich Schiller, Pele, Hans Albers, Shirley Temple, Frank Sinatra, Kirk Douglas, Königin Margarete II.

Der Drache-Geborene ist großzügig, vital, großherzig, herausfordernd und ungestüm. Seine überaus direkte Art wird ihm aber oft vergeben, da er auch als hilfreicher, ehrlicher und aufrechter Partner geschätzt wird. Selbst die bisweilen egozentrische und launenhafte Art verzeiht man ihm. Er scheint unter einem ominösen Glückszeichen zu stehen, geschützt von ihm wohlgesonnenen Mächten.

Höflichkeit ist nicht seine große Stärke, weil er immer den direkten, geraden Weg zuerst geht, und dabei können schon mal Späne fallen. Hinterlistige Intrigen durchschaut er leicht, weswegen es das Beste ist, ihm von vornherein reinen Wein einzuschenken.

Der Drache ist tüchtig, aber er kann Anweisungen seiner Partner auf Dauer nicht ertragen, eher höfliche Bitten, denn der Drache-Geborene bestimmt seinen Tagesablauf möglichst selbst.

Sein Denken und Handeln in großen Dimensionen, gepaart mit seinem inneren Feuer und der Kraft der Begeisterung, überträgt sich auch auf seine Mitmenschen. Er hat Durchhaltevermögen und strahlt Macht aus, das lässt ihn charismatisch erscheinen.

In Asien ist man glücklich, einen Drachen in der Familie zu haben, denn es heißt von ihm, dass er das Glück ins Haus trägt.

Für seine Innenräume empfehlen Feng Shui-Experten hohe Räume, edle Hölzer, helle und freie Flächen sowie schöne Gegenstände. Er selbst besitzt eine ausgeprägte Vorstellungskraft, wie man Räumen ein exklusives, fast schon pompöses Flair verleihen kann.

Wohnebene
Ober- und Dachgeschoss

Wohnstil
Modern, offen, freie Räume, wenig Accessoires, Edles und Feines – so fühlt sich der Drache wohl.

Ihre Glücksrichtung
Sind Sie in einem Jahr des Drachen geboren (1916, 1928, 1940, 1952, 1964, 1976, 1988 oder 2000), dann liegt Ihre spezielle Glücksrichtung zwischen 97,5 und 127,5 Grad Osten.

Wenn Sie Ihr Liebes- und Beziehungsglück aktivieren möchten, so können Sie ein Bild mit einem Drachen oder auch eine Drachenfigur aus Keramik, Porzellan oder Ton in diesem Bereich platzieren. Befinden sich in dem Glücksbereich eine Toilette oder Küche, so schmälert dies das Glück.

Zwei weitere für Sie positive Bereiche sind:
die Himmelsrichtung des Affen: West-Südwest
die Richtung der Ratte: Norden

Die Schlange

Bekannte »Schlangen« sind:
John F. Kennedy, Indira Ghandi, Greta Garbo, Sigmund Freud, Franz Schubert

Sein Verantwortungsbewusstsein und seine unerschütterliche Zielstrebigkeit lassen den Schlange-Geborenen oft als Fels in der Brandung erscheinen, und unter Beifall für seine Leistungen ist er zu Höchstleistungen fähig. Nur bei Kritik stellt er sich unzugänglich und stur, denn sagen lässt sich ein Schlange-Geborener nicht gern etwas – und schon gar nicht, wenn er etwas falsch gemacht hat!

Zähigkeit und Weisheit sind stark ausgeprägte Eigenschaften der Schlange, weshalb sich der Schlange-Geborene oft mit religiösen Themen beschäftigt.

Er reagiert äußerst sensibel, wenn Versprechen nicht eingehalten werden, und solche Situationen bleiben ihm lange im Gedächtnis.

Der Schlange-Geborene benötigt eine schöne und einladende Umgebung. Am wohlsten fühlt sich der Schlange-Geborene in einem kostbaren, edlen Ambiente, doch meist findet man an der Pinnwand auch Witze oder Bilder zum Lachen. Den Blick in weite, grüne Flächen hat der Schlange-Geborene am liebsten.

Die »Schlange« wünscht sich einen Beruf, in dem sie ihren Blick fürs Detail, ihre Fähigkeit zur Konzentration und ihre ruhige Art einbringen kann. Da sie über ein außerordentlich gutes Organisationstalent verfügt, fällt ihr das auch nicht schwer. Nur bitte keinen Druck! Wenn er auch noch so faul, schwerfällig, verschlossen oder nach außen hin hart wirken mag, der Schlange-Geborene ist es sicherlich nicht.

Wohnebene
Ober- und Dachgeschoss

Wohnstil
Der Wohnstil der Schlange ist eine Mischung aus Ererbtem und Moderne, gemütlich und warm.

Ihre Glücksrichtung
Sind Sie in einem Jahr der Schlange geboren (1917, 1929, 1941, 1953, 1965, 1977, 1989 oder 2001), dann liegt Ihre spezielle Glücksrichtung zwischen 127,5 und 157,5 Grad Ost-Südost.

Wenn Sie Ihr Liebes- und Beziehungsglück aktivieren möchten, so können Sie das Bild einer Schlange in dem oben angegebenen Bereich an die Wand hängen oder eine Figur dort aufstellen (Bezugsquellen siehe Anhang).

Franziska Krattinger

Die 7 universellen Gesetze
Spielregeln für ein Leben in Vielfalt

152 Seiten, broschiert
€ (D) 6,95
ISBN 978-3-89845-266-3

Das Leben folgt universellen Gesetzen. Wer diese begreift, kann sich alle Lebensformen, Situationen und Realitäten erklären. Dieses Handbuch vermittelt durch praktische Übungen und gelebte Beispiele aus dem Alltag die entscheidenden Spielregeln für ein Leben in Fülle!

Es zeigt, wie man seine Kraft am besten einsetzt, um seine Ziele stets zu erreichen.

Die beschriebenen Gesetze gelten für alle – und wer sie beherrscht, ist somit Herr über seine Realität.

www.silberschnur.de · E-Mail: bestellung@silberschnur.de
SILBERSCHNUR

Verlag

»Die Silberschnur« GmbH

Postfach 41

D-56590 Horhausen

Franziska Krattinger

Die 7 universellen Gesetze
Spielregeln für ein Leben in Vielfalt

152 Seiten, broschiert
€ (D) 6,95
ISBN 978-3-89845-266-3

Das Leben folgt universellen Gesetzen. Wer diese begreift, kann sich alle Lebensformen, Situationen und Realitäten erklären. Dieses Handbuch vermittelt durch praktische Übungen und gelebte Beispiele aus dem Alltag die entscheidenden Spielregeln für ein Leben in Fülle!

Es zeigt, wie man seine Kraft am besten einsetzt, um seine Ziele stets zu erreichen.

Die beschriebenen Gesetze gelten für alle – und wer sie beherrscht, ist somit Herr über seine Realität.

www.silberschnur.de · E-Mail: bestellung@silberschnur.de
SILBERSCHNUR

Verlag

»Die Silberschnur« GmbH

Postfach 41

D-56590 Horhausen

Ja, ich möchte gerne weitere Informationen erhalten.

Bitte senden Sie mir Informationen

◯ per E-Mail *oder* ◯ per Post

◯ zum Verlagsprogramm

◯ zu den Novitäten

◯ zu Seminaren

Ihr Interesse wird belohnt!

Unter allen Einsendern verlosen wir monatlich 10 Exemplare unseres Buchtipps des Monats.

Einsendeschluss ist jeweils der 15. des laufenden Monats. Die Gewinner werden schriftlich benachrichtigt, der Rechtsweg ist ausgeschlossen.

Name, Vorname

Telefon   E-Mail

Straße, Hausnummer

Land, PLZ, Ort   Unterschrift

Ich erkläre mich einverstanden, dass der Verlag »Die Silberschnur« und Kooperationspartner meine Daten zu Direktmarketingzwecken verwenden dürfen.

• •

Ja, ich möchte gerne weitere Informationen erhalten.

Bitte senden Sie mir Informationen

◯ per E-Mail *oder* ◯ per Post

◯ zum Verlagsprogramm

◯ zu den Novitäten

◯ zu Seminaren

Ihr Interesse wird belohnt!

Unter allen Einsendern verlosen wir monatlich 10 Exemplare unseres Buchtipps des Monats.

Einsendeschluss ist jeweils der 15. des laufenden Monats. Die Gewinner werden schriftlich benachrichtigt, der Rechtsweg ist ausgeschlossen.

Name, Vorname

Telefon   E-Mail

Straße, Hausnummer

Land, PLZ, Ort   Unterschrift

Ich erkläre mich einverstanden, dass der Verlag »Die Silberschnur« und Kooperationspartner meine Daten zu Direktmarketingzwecken verwenden dürfen.

Befinden sich in dem Glücksbereich eine Toilette oder Küche, so schmälert dies Ihr persönliches Glück.

Zwei weitere für Sie positive Bereiche sind:
die Himmelsrichtung des Hahnes: Westen
die Richtung des Büffels: Nord-Nordost

Das Pferd

Bekannte »Pferde« sind:
Johann Wolfgang Goethe, Louis Armstrong, Paul Mc Cartney, Galileo Galilei, Mike Tyson, Leonard Bernstein, Rita Hayworth, Billie Graham, Boris Jelzin

Der Pferd-Geborene fällt schon in jungen Jahren durch seinen unabhängigen Geist auf. Seine Reaktionen sind flink, der Geist rege und scharfsinnig, die Flexibilität und Aufgeschlossenheit groß, auch seine Kontaktfreudigkeit ist stark ausgeprägt. Routine dagegen ist ihm ein Gräuel. Der Mangel an Ausdauer wird aber durch seine Schnelligkeit wettgemacht.

Der Pferd-Geborene ist oftmals der Problemlöser in der Familie und im Betrieb, und seine Leistung steigt mit der Anforderung, die man an ihn stellt. Langeweile ist eben nichts für ihn, weshalb er oft auf Reisen ist und viele Souvenirs für seine Wohnung mit nach Hause bringt. Allerdings birgt dieses Sammeln die Gefahr in sich, dass seine Umgebung überladen wirkt.

Sympathisch, witzig, ideenreich und überaus gesellig erscheint er, und er benötigt deshalb auch in seinem Zuhause die Möglichkeit zu Spiel und Spaß. Schaffen Sie ihm ein Ambiente mit schweren Möbeln und viel Platz. Er braucht große Ablageflächen und ein schnurloses Telefon. Da er sehr naturverbunden ist, sollte seine Wohnung zudem einen direkten Zugang zum Garten haben.

Wohnebene
Erdgeschoss, Gartenebene

Wohnstil

Der Pferd-Geborene lebt in einem Ambiente mit offenen, freien Räumen und wenigen Accessoires auf, er liebt Edles und Feines.

Ihre Glücksrichtung

Sind Sie in einem Jahr des Pferdes geboren (1918, 1930, 1942, 1954, 1966, 1978, 1990 oder 2002), dann liegt Ihre spezielle Glücksrichtung zwischen 157,5 und 187,5 Grad Süden.
Wenn Sie Ihr Liebes- und Beziehungsglück aktivieren möchten, so können Sie das Element Feuer hier unterstützend einsetzen. Eine Lampe, die diesen Bereich erleuchtet, ein Bild an der Wand oder die Figur eines Pferdes in dem oben angegebenen Bereich wirkt unterstützend (Bezugsquellen siehe Anhang).
Befinden sich in dem Glücksbereich eine Toilette oder Küche, so schmälert dies Ihr persönliches Glück.

Zwei weitere für Sie positive Bereiche sind:
die Himmelsrichtung des Hundes: West-Nordwest
die Richtung des Tigers: Ost-Nordost

Das Schaf

Bekannte »Schafe« sind:
Mohammed Ali, Andy Warhol, Catherine Deneuve, Johannes Kepler, John Wayne

Sicher kennen Sie den einen oder anderen Schaf-Geborenen, der sich nicht gern festlegt und auch nicht gern vertraglich binden lässt, denn Verträge sind ihm ein Gräuel. Seine Devise ist: Lieber heute arbeiten wie ein Stier, aber morgen dafür ausruhen. Die besten Leistungen erzielt er im künstlerischen Bereich. Selbstständiges, eigenverantwortliches Handeln sind förderlich und Ansporn zugleich, dies gilt auch für den Privatbereich. Bitte geben Sie ihm keine Art von Zeiteinteilung oder starre Regeln vor! Will man seine Konzentration auf das Wesentliche fördern, so sind schwere Gegenstände auf dem Tisch ein gutes Mittel der Wahl. Im Übrigen hat er einfach die Neigung, zu viel einzukaufen, ähnlich wie in dem Film »Papa ante portas« von Loriot. Er nutzt nun mal gern Angebote und benötigt einen großen Vorratsschrank sowie einen großen Keller.

Strikte Zeitpläne und Vorschriften, wie oben bereits beschrieben, mag er genauso wenig wie Kritik und übermäßige Disziplin. Der Schaf-Geborene ist freundlich im Umgang mit seinen Lieben und hat immer ein Ohr für seine Partner, Familienmitglieder und Freunde, weshalb er gern gesehen und beliebt ist.

Am besten lebt und arbeitet er in einer hellen, luftigen und geschmackvollen Atmosphäre. Für Harmonie und Schönheit ist er empfänglich, und sie beflügeln ihn maßgeblich.

Wohnebene
Erdgeschoss, Gartenebene

Wohnstil
Praktische Räume mit Plätzen für Nähe und Freunde werden bevorzugt.

Ihre Glücksrichtung
Sind Sie in einem Jahr des Schafes geboren (1919, 1931, 1943, 1955, 1967, 1979, 1991 oder 2003), dann liegt Ihre spezielle Glücksrichtung zwischen 187,5 und 217,5 Grad Süd-Südwest.
Wenn Sie Ihr Liebes- und Beziehungsglück aktivieren möchten, so können Sie das Bild eines Schafes oder einer Ziege aufhängen. Auch eine Porzellan-, Speckstein- oder Keramikfigur dieser Tiere in dem oben angegebenen Bereich ist geeignet. Befinden sich in dem Glücksbereich eine Toilette oder Küche, so schmälert dies Ihr persönliches Glück.

Zwei weitere für Sie positive Bereiche sind:
die Himmelsrichtung des Schweines: Nord-Nordwest
die Richtung des Hasen: Osten

Der Affe

Bekannte »Affen« sind:
Edward Kennedy, Bob Marley, James Steward, Omar Sharif, Joan Crawford, Charles Dickens, Kaiser Wilhelm II., Papst Johannes Paul II., Bette Davis, Buster Keaton

Die meisten Partner wissen, was sie an einem Affen-Geborenen haben: einen Menschen, der leicht die schwierigsten Probleme löst! Aber er wird seinen ganzen Ideenreichtum erst dann ausbreiten, wenn es um Wichtiges geht und Anerkennung für seine Leistungen winkt. Seine Partnern und Freunden wird er mit Höflichkeit und Diplomatie begegnen.

Gönnen Sie ihm seinen Triumph und das Gefühl, brillante Leistungen vollbracht zu haben, er wird Freude daran haben und Sie in seinen engeren Freundeskreis aufnehmen. Immer wieder gelingt es ihm auch, sich mit sprachlich geschickten Manövern aus der Affäre zu ziehen und seine Talente zum Besten zu geben. Sein Einfallsreichtum ist geradezu genial.

Auf alle Fälle braucht er Spiel- und Spaßmöglichkeiten in seiner Umgebung: Wählen Sie für seinen Schreibtisch ein Harmoniependel oder Qi-Gong-Kugeln in greifbarer Nähe, so dass er sich beim Nachdenken ausbalancieren kann. Auch ein Schwingungspendel, das Muster in den Sand schreibt, kann seinen Geist konzentrieren und seinem Spieltrieb gerecht werden. Er ist seiner Zeit zudem immer etwas voraus und hat deshalb gern witzige Lampenschirme, Mausunterlagen und Notizbücher.

Wohnebene
Ober- und Dachgeschoss

Wohnstil
Traditionsbewusste Räume mit modernem Glanz und Plätzen für Feste und die Familie werden hier bevorzugt.

Ihre Glücksrichtung

Sind Sie in einem Jahr des Affen geboren (1920, 1932, 1944, 1956, 1968, 1980, 1992 oder 2004), dann liegt Ihre spezielle Glücksrichtung zwischen 217,5 und 247,5 Grad West-Südwest.

Wenn Sie Ihr Liebes- und Beziehungsglück aktivieren möchten, so können Sie das Bild eines Affen aufhängen. Auch die Bronzefigur eines Affen, am besten mit einem Pfirsich für das besonders große Glück, eignet sich zum Aufstellen. Befinden sich in dem Glücksbereich eine Toilette oder Küche, so schmälert dies Ihr persönliches Glück.

Zwei weitere für Sie positive Bereiche sind:

die Himmelsrichtung der Ratte: Norden

die Richtung des Drachen: Ost-Südost

Der Hahn

Bekannte »Hähne« sind:

Peter Ustinov, Yves Montand, Papst Paul VI., Benny Goodman, Richard Wagner

Ein Hahn-Geborener ist ein Mensch, der sich für seine Nächsten einsetzt, wenn er um Hilfe gebeten wird. Innerhalb der Familie übernimmt er gerne die Führungsrolle und ist stolz, wenn er die Familienehre oder seine Kinder und Partner vor äußeren Angriffen bewahren kann. Möchte man mit ihm gut Freund werden, dann bittet man ihn um einen Gefallen, so kann der Hahn Retter in der Not sein.

Der Hahn-Geborene wird sich unerschütterlich um das Wohl seiner Lieben bemühen, mit geradezu unerschöpflichem Elan und vielseitigem Talent. Er wird schuften und rackern, um alle zufrieden zu stellen. Besonders gerne lädt er Freunde zum Essen ein, und »nebenbei« glänzt er mit seiner wunderbar eingerichteten Wohnung.

Der Hahn-Geborene kann auch gut von zu Hause aus arbeiten, wenn ihm die nötigen Kommunikationsmittel zur Verfügung stehen.

Eine Penthousewohnung oder eine Wohnung im Dachgeschoss mit Ausblick und Balkon sind für ihn genau richtig. Ist Letzteres nicht möglich, so sollte seine Wohnung zumindest groß sein und Weitblick bieten.

Er liebt zudem Sitzpositionen, die ihm eine uneingeschränkte Kontrolle über den Eingangsbereich ermöglichen.

Wohnebene
Ober- und Dachgeschoss

Wohnstil
Edle Stoffe, glänzende Accessoires und Markenartikel schmücken seine Räume.

Ihre Glücksrichtung
Sind Sie in einem Jahr des Hahnes geboren (1921, 1933, 1945, 1957, 1969, 1981, 1993 oder 2005), dann liegt Ihre spezielle Glücksrichtung zwischen 247,5 und 277,5 Grad Westen.

Wenn Sie Ihr Liebes- und Beziehungsglück aktivieren möchten, so können Sie das Bild eines Hahnes aufhängen, es sei denn, es gibt zwei Hähne in einer Wohnung; das könnte zum »Hahnenkampf« führen. Das betrifft auch das Aufstellen einer Hahnfigur aus Porzellan oder Bronze. Wenn Sie solche Figuren nicht mögen, so können Sie auch mit einem siebenröhrigen Klangspiel das Glück aktivieren. Befinden sich in dem Glücksbereich eine Toilette oder Küche, so schmälert dies Ihr persönliches Glück.

Zwei weitere für Sie positive Bereiche sind:
die Himmelsrichtung der Schlange: Süd-Südost
die Richtung des Büffels: Nord-Nordost

Der Hund

Bekannte »Hunde« sind:
Liza Minelli, Bertold Brecht, Ava Gardner, Brigitte Bardot, Sophia Loren, Gerhard Hauptmann

Der Hund-Geborene ist bekannt für seine Loyalität, seinen Gerechtigkeitssinn und seinen gesunden Menschenverstand. Sein nobler Charakter und sein altruistisches Handeln steigern den Beliebtheitsgrad des Hund-Geborenen in der Familie wie im Beruf. Er nimmt bereitwillig Extraverpflichtungen auf sich, um anderen zu helfen, hat eine gute Menschenkenntnis, eine gute Intuition und verfügt über eine scharfe Zunge. Seine Fähigkeit, sich in andere Menschen hineinzuversetzen, sein ausgeprägter Sinn für Gerechtigkeit und sein Talent, auf andere einzuwirken, prädestinieren ihn als Vermittler in Konfliktsituationen.

Gut gelaunt und aufmerksam, wie er ist, nimmt er bereitwillig Verpflichtungen auf sich, die seiner Familie, seinen Nachbarn und Freunden positiv auffallen. Als guter Menschenkenner, der er ist, kann man von ihm völlige Integrität, Verständnis und Rechtschaffenheit erwarten. Seine Einstellung zum Menschen ist getragen von seinem großen Herzen und seiner Güte.

Der Hund-Geborene ist in der Regel sehr sportlich und verbringt seine Freizeit entsprechend. Bietet die Umgebung des Hauses genügend Möglichkeiten, in die Natur zu gehen, so wird er sich wohlfühlen.

Wohnstil
Traditionsbewusste Räume mit modernem Glanz und Plätzen für Feste und die Familie werden hier bevorzugt.

Wohnebene
Erdgeschoss und Garten-, Terrassen- oder Balkonebene

Ihre Glücksrichtung
Sind Sie in einem Jahr des Hundes geboren (1922, 1934, 1946, 1958, 1970, 1982, 1994 oder 2006), dann liegt Ihre spezielle Glücksrichtung zwischen 277,5 und 307,5 Grad West-Nordwest.

Wenn Sie Ihr Liebes- und Beziehungsglück aktivieren möchten, so können Sie das Bild eines Hundes aufhängen oder die Figur eines Hundes aus Porzellan oder Bronze aufstellen. Wenn Sie dies nicht möchten, so können Sie auch mit einem Klangspiel mit sieben Röhren oder Glocken das Glück aktivieren. Befinden sich in dem Glücksbereich eine Toilette oder Küche, so schmälert dies Ihr persönliches Glück.

Zwei weitere für Sie positive Bereiche sind:
die Himmelsrichtung des Tigers: Ost-Nordost
die Richtung des Pferdes: Süden

Das Schwein

Bekannte »Schweine« sind:
Henry Kissinger, Ronald Reagan, Ernest Hemingway, John D. Rockefeller, Albert Schweitzer

Der Schwein-Geborene ist ein guter Familienmensch, der seinen Lieben, seinen Freunden und Nachbarn gern unter die Arme greift. Ihm steht Lob und Anerkennung in hohem Maße zu, auch wenn er sich diesbezüglich bescheiden gibt. Seine Natürlichkeit, seine Treue, die stille Art zu organisieren sowie sein sensibles und fürsorgliches Wesen seiner Familie und seinen Partnern gegenüber machen ihn sehr beliebt.

Der Schwein-Geborene kann viel Kritik ertragen, und es dauert lange, bis er etwas sagt, aber wenn ihm die Hutschnur platzt, dann nehme man sich in Acht vor seinem Zorn! Dennoch: Meist bemerkt man ihn kaum. Fehlt aber der Schwein-Geborene, dann ist plötzlich eine riesige Lücke spürbar.

Der Schwein-Geborene wird immer wieder gütig vom Schicksal bedacht und hat einen unerschütterlichen Optimismus. Meist bekommt er auch Hilfe aus unerwarteten Quellen.

Wohnebene
Erd- und Gartengeschoss

Wohnstil
Traditionsbewusste Räume mit modernem Glanz und Plätzen für Feste und die Familie werden hier bevorzugt.

120

Ihre Glücksrichtung

Sind Sie in einem Jahr des Schweines geboren (1923, 1935, 1947, 1959, 1971, 1983, 1995 oder 2007), dann liegt Ihre spezielle Glücksrichtung zwischen 307,5 und 337,5 Grad Nord-Nordwest. Wenn Sie Ihr Liebes- und Beziehungsglück aktivieren möchten, so können Sie das Bild eines Schweines aufhängen oder die Figur eines Schweines aus Bronze aufstellen. Wenn Sie dies nicht möchten, so können Sie auch einen Zimmerbrunnen oder eine Schale mit Wasser in dem oben genannten Bereich aufstellen. Auch mit einem Klangspiel mit sechs Röhren, mit Glocken oder einer Klangschale können Sie Ihr Liebes-Glück aktivieren. Befinden sich in dem Glücksbereich eine Toilette oder Küche, so schmälert dies Ihr persönliches Glück.

Zwei weitere für Sie positive Bereiche sind:

die Himmelsrichtung des Schafes: Süd-Südwest
die Richtung des Hasen: Osten

火土金水木

11.
8 Möglichkeiten, das Leben zu verbessern

Legen Sie zunächst den Mittelpunkt Ihrer Wohnung fest. Von dort aus ermitteln Sie mit einem Kompass die Himmelsrichtung oder entnehmen diese dem Lageplan.

In den Hauptecken Ihrer Wohnung liegt eine große Kraft. Wie sind sie bei Ihnen angelegt?

Die Nordwestecke ist dem Mann des Hauses zugeordnet,

die Südwestecke der Frau,

die Nordostecke dem jüngsten Sohn,

die Südostecke der ältesten/erstgeborenen Tochter,

die Nordecke dem mittleren Sohn,

die Südecke der mittleren Tochter,

die Westecke der jüngsten Tochter,

die Ostecke dem ältesten/erstgeborenen Sohn.

Entsprechend der obigen Zuordnung haben die Familienmitglieder einen Bezug zur Gestaltung der jeweiligen Ecke und werden dadurch ihr Lebensglück beeinflussen.

Sie können diese Einteilung auch auf Skulpturen übertragen und diese somit an einem günstigen Platz positionieren. Beispielsweise wird die Figur eines älteren Mannes besser in den Nordwesten passen, genauso eine Beethoven-Büste für Genießer der klassischen Musik. Die Figur eines jungen Mädchens hat ihren besten Platz im Westen und die einer reifen Frau und Mutter im Südwesten. – So erhalten Sie die himmlischen Ordnungsprinzipien. Fühlen Sie demnach beispielsweise, dass der älteste Sohn Unterstützung benötigt, so stellen Sie die Figur eines jungen Mannes im Osten der Wohnung auf.

Das Glück der Freunde

Der Nordwesten – hilfreiche Freunde anziehen

Das Element der Richtung Nordwesten ist Metall, in diesem Fall Gold.

Wenn Sie die Reichtumsvase (Bezugsquellen siehe Anhang) hier platzieren, sie mit Vogelsand, Halbedelsteinen und Münzen füllen, so wird der Wohlstand wachsen, und die Familie wird gute, weitreichende und unterstützende Beziehungen zu anderen haben. Darüber hinaus ist alles Goldfarbene hier richtig platziert.

Sollten Sie einen Garten, einen Balkon oder eine Terrasse nutzen, können die Maßnahmen zusätzlich außen erfolgen.

Dazu ein Zitat von Goethe:
»Müsset im Naturbetrachten, immer eins wie alles achten.
Nichts ist drinnen, nichts ist draußen, denn wie innen, so ist außen.
Drum ergreifet ohne Säumnis heilig, öffentlich Geheimnis!«

Hilfreiche Freunde können Sie mit folgenden Mitteln im Nordwesten Ihrer Räume aktivieren:

- ⊙ Hängen Sie ein Klangspiel mit sechs Röhren im Nordwesten Ihrer Wohnung auf.
- ⊙ Stellen Sie eine Schale mit Sand auf, und legen Sie sechs Metallkugeln unterschiedlicher Größe hinein: drei kleinere für das Yin und drei größere Kugeln für das Yang.

⊙ Hängen Sie ein Bild mit Vögeln auf, denn der Vogel steht für gute Beziehungen zu anderen.

⊙ Stellen Sie eine große Metallfigur auf. Ist sie gegenständlich, so sollte sie einen männlichen Charakter darstellen.

⊙ Hängen Sie sechs Kristallkugeln ins Fenster.

⊙ In der Mitte des Wohnzimmers kann ein Kristalllüster hängen, der das Freundschaftsglück für alle Familienmitglieder fördert.

⊙ Äpfel, ob natürlich oder aus Glas oder Kristall, wecken eine friedliche Atmosphäre.

Das weitergehende Feng Shui ist sehr persönlich zu verstehen und vom Geburtsdatum abhängig. Haben Sie Ihre Ming Kwa-Zahl in der Tabelle nachgeschlagen, so gibt diese Ihnen eindeutige Hinweise darauf, wo für Sie persönlich der beste Bereich ist, um Hilfe anzuziehen. Die angegebene Richtung ist die Sheng Chi-Richtung, d. h. die Richtung der höchsten, persönlichen Energie, die Ihr Leben unterstützt.

Bitte beachten Sie: Diese Regel steht über den vorherigen allgemeinen Regeln.

Ming Kwa-Zahl	Sheng Chi-Richtung	Ihre Maßnahmen
4	Südosten	große Pflanze/Aquarium, Glasgefäß mit Wasser und Glaskugeln, Muscheln
8	Nordosten	ein großer Kristall, Weltkarte oder Globus
9	Süden	helles Licht, die Farbe Rot
1	Norden	Zimmerbrunnen, Wasserbild, blaue Farbe
7	Westen	siebenröhriges Klangspiel, sieben Metallkugeln, Metallfigur
6	Nordwesten	sechsröhriges Klangspiel

Ming Kwa-Zahl	Sheng Chi-Richtung	Ihre Maßnahmen
2	Südwesten	große Schale mit Sand und Kristallen, weibliche Keramikfigur
3	Osten	große Pflanze/Aquarium, Glasgefäß mit Wasser und Glaskugeln, Muscheln

Die Sheng Chi-Richtung kann Ihr Glück fördern, wenn Sie aus dieser Richtung Ihre Wohnung oder Ihr Büro betreten.

Wenn dies nicht möglich ist, so können Sie sich ein rotes Türband des Glücks in die Nähe Ihrer Tür hängen, um das Glück trotz einer ungünstigen Türrichtung wieder einzufangen.

Worauf Sie ebenfalls achten sollten:

Richten Sie nie eine Schere oder ein Messer auf einen Freund, es ist Sha Chi und könnte die Freundschaft töten, zumindest aber einen Keil zwischen Sie treiben. Deshalb sollten Sie an Freunde auch nie etwas Scharfes verschenken. Sollten Sie selbst einmal ein Messer oder eine Schere geschenkt bekommen, so bedanken Sie sich bei demjenigen sofort, indem Sie ihm eine Münze überreichen, wobei es keine Rolle spielt, aus welchem Land die Münze stammt.

Wenn Ihre Freunde zu Besuch sind, so zeigen Sie nicht mit dem Finger auf sie, denn auch dies sendet Sha Chi aus. Gleiches gilt, wenn Sie sie bewirten: Achten Sie darauf, dass der Ausguss der Tee- oder Kaffeekanne nicht auf ihre Freunde zeigt, da auch dies Sha Chi, geheime »Giftpfeile« aussendet.

Wenn Sie Ihre Freunde zum Essen einladen, dann setzen Sie sie nicht an die Stirnseite eines Tisches, nicht mit dem Blick zur Toilette, nicht unter einen freiliegenden Balken und auch nicht mit dem Blick auf einen Wandvorsprung. Dies könnte der Freundschaft abträglich sein.

Ihre Nachbarn sollten Sie hin und wieder einladen, denn eine gute Nachbarschaft ist für alle Beteiligten förderlich. Vor allem sollten Sie dann darauf achten, einen Abschiedstrunk zu reichen; man läuft sonst Gefahr, auf dem Weg zu verunglücken. Chinesen nehmen diese Sitte im Übrigen sehr ernst. Schlagen Sie das Angebot eines Abschiedstrunkes daher nie aus!

Vermeiden Sie im nordwestlichen Wohnungsbereich:
große Pflanzen, die Farbe Rot, zu viel Holz

Das Glück der Karriere

Der Norden –
die Karriere und die berufliche Entwicklung fördern

Sorgen Sie zunächst dafür, dass Ihre Tür leichtgängig ist und keine Schuhe auf dem Boden Ihren Weg blockieren. Denn nicht nur die Himmelsrichtung des Nordens, sondern auch alle Wege, die mit Wasser, mit dem Fluss des Lebens in Verbindung gebracht werden, können unseren Weg der Karriere fördern und die Lebensenergie stärken oder abschwächen.

Deshalb gilt zusammenfassend zunächst:

- ⊙ Achten Sie darauf, dass die Türen leichtgängig sind, damit sich das Leben und der Fluss des Lebens leichter anfühlt.
- ⊙ Räumen Sie Ihre Wege frei (sowohl vor Ihrem Eingang wie auch im Inneren der Wohnung)!
- ⊙ Stellen Sie sicher, dass es keine Misstöne gibt. Quietschende Türen erzeugen Missklänge und damit möglicherweise Missstimmungen.

Im nächsten Schritt sollten Sie für Frische im Bereich der Eingangstür sorgen. Das kann durch Lüftung geschehen und zusätzlich auch durch ätherische Öle. Die am meisten bevorzugten Duftöle meiner Klienten sind »Weltreise« und »Be happy« (die Düfte finden Sie im Anhang).

Wenn Sie einen Sitzplatz einnehmen, sollten Sie grundsätzlich Folgendes beachten, um den Energiefluss zu unterstützen:

Sie sollten eine Wand im Rücken und das Bild eines Berges hinter sich haben. Stellen Sie überdies sicher, dass Sie die Tür, den eintretenden Energiefluss, im Auge behalten; so verpassen Sie, sinnbildlich gesprochen, nicht die Möglichkeiten des Lebens. Sollte dies nicht gehen, so können Sie auch durch einen Spiegel die Tür im Auge behalten.

Befindet sich ein Fenster in Ihrem Rücken, ein so genanntes »Karriereloch«, dann sollten Sie Kristalle in ungerader Anzahl und in aufsteigender Folge in das Fenster hängen. Auch Pflanzen auf der Fensterbank und eventuell eine schwere Figur, wie ein Elefant, der allerdings den Rüssel unbedingt nach oben tragen sollte, sind möglich. Ein Vorhang vor dem Fenster hilft zusätzlich dabei, einen Rückenschutz zu bilden und das »Karriereloch« zu schließen.

Ein Klient von mir hat sich einen Stoff mit einem Berg bedrucken lassen und diesen als Schiebeelement vor das Fenster gehängt. Dies war eine sehr gute Lösung, und er stieg die Karriereleiter sehr schnell nach oben.

In diesem Bereich sind auch Ihre Stereoanlage oder der Fernseher gut platziert. Sollten Sie dann zu viele Aufträge bekommen oder vor lauter Erfolg nur noch unterwegs sein, so reduzieren Sie diese Elemente in diesem Bereich einfach wieder.

Wenn Sie am Esstisch, auf Ihrem Sofa oder in Ihrem Lesesessel sitzen, so sollten Sie sicher gehen, dass Sie in eine Ihrer guten Richtungen schauen. (In der Tabelle können Sie Ihre Ming Kwa nach Ihrem Geburtsdatum ersehen und damit Ihre Ming Kwa-Zahl.)

Wenn Sie den Norden für Ihre Karriere aktivieren wollen, so können Sie Folgendes tun:

Platzieren Sie hier ein sauberes und gut beleuchtetes Aquarium mit einer ungeraden Anzahl von Goldfischen. Ist das Aquarium unsauber oder nicht funktionsfähig, dann droht Unglück und die Karriereaussichten schwinden! Sollte ein Fisch sterben, so ersetzen Sie ihn umgehend durch einen neuen.

Hängen Sie ein Gemälde oder ein Foto mit Wasser oder Goldfischen an die Wand; auch ein blaues Bild ist hier sehr förderlich. Ich habe diesbezüglich aus meinen Kenntnissen und Erfahrungen mit alten Meistern in China für Sie ein Bild entworfen, was die Karriereaussichten fördert (siehe Bezugsadresse im Anhang).

Dies können Sie allerdings nur dann tun, wenn die Nordwand nicht genau in Ihrem Rücken liegt, denn Wasser im Rücken fügt Ihnen Schaden zu.

Wenn Sie einen Schreibtisch in Ihrer Wohnung haben, so stellen Sie nach Möglichkeit auf die nördliche Ecke des Tisches ein Segelschiff, das Sie mit acht chinesischen Goldmünzen beladen und das auf Sie zu segelt. Es repräsentiert die Elemente Wasser und Wind, die den Wohlstand fördern.

Sie können, wenn Sie einen Balkon im Norden haben, diesen mit Metallstühlen, einem Tisch und blauen Polstern ausstatten. Hängen Sie ein Metallklangspiel mit wohltuendem Klang auf (das die Nachbarn nicht stören sollte), und stellen Sie einen Wasserbrunnen oder eine Wasserschale in diesem Bereich auf. Das Element Metall fördert das Wasser und damit die Karriereaussichten.

Die Chinesen lieben es, ein kleines mit Gold beladenes Schiff auf den Schreibtisch in die linke Ecke des Betrachters zu stellen, wobei das Schiff mit dem Bug zum Betrachter gestellt wird. Es symbolisiert die Energie des Lebens, Geld und Güter, die es dem Betrachter zuträgt.

Farben im Bereich Norden:
Blau, Weiß und Silber

Vermeiden Sie im nördlichen Wohnungsbereich:
zu viele Pflanzen und die Farbe Rot sowie Bilder von Feuer

Das Glück des Wissens

Der Nordosten – Wissen und Weisheit
Gute Examensergebnisse, Stipendien und Ehren werden dem zuteil, der mit seinen besten Richtungen agiert. (Überprüfen Sie deshalb Ihre Ming Kwa-Zahl!)

Wer diesen Bereich stärken möchte, in Harmonie und Einklang kommen, eine Prüfung erfolgreich beenden, gute Gelegenheiten oder Menschen und »Zufälle« antreffen möchte, die ihm weiterhelfen, hat verschiedene Feng Shui-Möglichkeiten:

Kristalle sind die beste Manifestation des Elementes Erde, in ihnen ist die Energie des Wissens gespeichert.

Sie können zum Beispiel ein Amulett mit einem Kristall tragen. – Haben Sie sich für diese Variante entschieden, so sollte der Kristall zunächst zur Reinigung des Steines für sieben Tage und Nächte in eine Lauge aus echtem Meer- oder Steinsalz gelegt werden.

Um das Lernen zu erleichtern, sollten Sie den Stein nachts unter das Kopfkissen legen, und besonders bei Prüfungen sollten Sie den Stein tragen. Wird der Stein nicht benutzt, so wird er in Samt oder Seide aufbewahrt.

Benötigen Sie die Hilfe des Nordostens, so sollten Sie hier einen großen Kristall oder einen Globus aus Kristall platzieren. Er sollte auf einem Tisch in der nordöstlichen Ecke des Kinderzimmers oder Büros stehen. Hier ist auch ein Bücherregal, das den Berg symbolisiert und die Unterstützung der Ahnen sicherstellt, sehr gut aufgehoben. Es sorgt zudem dafür, immer zur richtigen Zeit am richtigen Ort zu sein, um das Wissen zu erhalten, was nötig ist, um im Leben seine Ziele zu verwirklichen. Auch Bilder der Ahnen, auch der Großeltern, können hier segensreich wirken.

Ein Trigramm an der Wand ist ebenfalls sehr hilfreich. (Das Trigramm des Berges können Sie über Bezugsquellen im Anhang erhalten.)

In der chinesischen Betrachtungsweise stellt ein großer Kalzit-Stein auch das Element Erde dar, ebenso das Bild eines Berges, allerdings ohne Wasser, Flüsse oder Seen.

Befindet sich Ihr Gäste-WC im Nordosten, so können Sie die Wände mit Weisheitssprüchen versehen. Legen Sie einen mindestens 5 Kilogramm großen Stein rechts oder links an den Fuß der Toilette, um die abfließende Wasserenergie unter Kontrolle zu halten. So kann das durch die Toilette hervorgerufene Energieloch keinen Schaden anrichten. Denn der negative Einfluss des Energieloches würde sich, falls Ihr letztgeborener Sohn bei Ihnen lebt, auf ihn auswirken.

Streichen Sie die Wände in einem Orangerot, und vermeiden Sie Wasserbilder sowie die Farbe Blau. Zieren Sie den Fenstersims mit Feldsteinen oder Halbedelsteinen Ihrer Wahl; dies verstärkt das Element Erde, das für Sie arbeitet und für Harmonie sorgt.

Sollte sich hier Ihre Abstellkammer befinden, so sorgen Sie für eine gute Belüftung der Kammer, damit das Chi nicht erstickt, und räumen Sie diese stets auf, um die ruhende Bergenergie nicht in eine chaotische umschlagen zu lassen. Streichen Sie die Wände gelb, und hängen Sie auch hier das Bild eines Berges (ohne Wasser) auf. Alternativ können Sie in ein Regal gegenüber der Tür auch einen großen, schweren Kristall stellen. Sollten Sie kein Geld dafür haben, können Sie auch einen schweren Feldstein (ein auf dem Feld gefundener Stein) nehmen.

Sorgen Sie im Bereich des Nordostens für genügend Helligkeit. Licht entspricht der Feuer-Energie und fördert den Bereich des Nordostens, der Erde. Sollte der Nordosten allerdings hinter Ihnen liegen, so darf das Licht nicht heller sein als das Licht vor Ihnen, sonst würde Ihr Gesicht für den Betrachter im Schatten liegen.

Wenn im Nordosten eine Treppe in ein höheres Stockwerk führt, so wie es einmal in meiner kleinen Dachgeschosswohnung der Fall war, hängen Sie einen Kristalllüster auf. Dies hat mir sehr viel Glück gebracht.

Später, als ich einen großen Garten hatte, habe ich im Nordosten an einen Baum kleine, selbst beschriftete Fahnen mit Weisheitssprüchen gehängt und einen großen Feldstein am Wegesrand im Nordosten platziert. Auf diesem Stein war ein für mich wichtiger Spruch zu lesen: »Carpe diem«.

Meine Freundin hat einen riesigen Garten. In diesem Garten steht ein kleiner gemauerter Schrein. Immer zum Vollmond entzündet Sie dort Kerzen und räuchert für die Ahnen, um sich Ihren Beistand zu sichern.

Doch auch wenn Sie keinen Garten haben, so haben Sie doch viele Möglichkeiten zur Gestaltung Ihrer Wohnung. Meine Anregungen sollten Ihnen genügend Spielraum für Ihre eigenen Ideen lassen.

Farben im Bereich Nordosten:
Gelb, Braun, Rot

Vermeiden Sie im nordöstlichen Wohnungsbereich:
Metall und Wasser, wie beispielsweise blau getünchte Wände

131

Das Glück der Familie

Der Osten – die Familie und Gesundheit

Pflanzen symbolisieren die Holz-Energie und sind ein gutes Mittel, um die Energie der Gesundheit und des Familienglücks bereitzustellen.

Aber es kommt natürlich darauf an, welche Pflanzen hier stehen. Die Yucca-palmen beispielsweise sollten Sie gänzlich aus Ihrem Umfeld verbannen, da sie mit ihren harten, spitzen Blättern das Sha Chi, so genannte »Giftpfeile«, in den Raum werfen.

Um Ihnen die Auswahl zu erleichtern, nachfolgend eine Pflanzen-Liste mit ihren Bedeutungen:

Nephrolepes

Der Schwert- und Frauenhaarfarn bringt alle Familienmitglieder zur Ruhe, denn er wirkt harmonisierend auf das Nervensystem.

Zimmerwein

Bei cholerisch veranlagten Menschen, die die Familienharmonie ins Wanken bringen könnten, eignet sich der Zimmerwein hervorragend.

Diefenbachie

Wenn die Familie selbst sehr hektisch ist und die Familienmitglieder viel Stress sowie ihre Energie vorwiegend im mentalen Bereich sitzen haben, ist die Diefenbachie hervorragend geeignet, denn sie hilft, sich auf das Wesentliche zu konzentrieren.

Fensterblatt

Diese Pflanze strahlt viel Ruhe aus und harmonisiert die Familienbeziehungen.

Philodendron

Verfahrene Familiensituationen kann man sehr gut mit dem Philodendron ausgleichen.

Auch Edelsteinbäumchen aus Zitrin und Aventurin sind hier hilfreich. Sollten Sie noch kleine Kinder haben, so stellen Sie junge Topfpflanzen auf mit breiten (ungiftigen!) Blättern, die Wohlstand bringen und mit den Kindern wachsen. Sollten Sie einen Garten besitzen, so pflanzen Sie hier einen Apfelbaum für die Kinder (siehe auch das Buch »Qi-Gardens).

Verzichten Sie im Haus auf Bonsai-Pflanzen, denn diese symbolisieren das verkümmerte Wachstum und sind deshalb für eine Familie völlig ungeeignet. Auch Kakteen gehören nicht ins Haus, da sie mit ihren Stacheln Sha Chi, also angreifende Energien erzeugen.

Im Osten sollten Sie Familienbilder und eine Vase mit frischen Blumen aufstellen. Achten Sie darauf, dass die Bilder von links nach rechts aufsteigend angeordnet sind oder aber dass das größte Bild in der Mitte steht und die anderen sich darum gruppieren.

Die Farbe in diesem Bereich ist Grün, so dass auch eine entsprechende Wandfarbe das Familien- und Gesundheitsglück stärken kann. Wer möchte, kann ein Bild des Wachstums aufhängen, wie beispielsweise die Darstellung eines großen, wohl geratenen Baumes, der den Stammbaum der Familie symbolisiert, oder Bambusbilder (Bezugsquellen siehe Anhang).

Wenn im Osten große Fenster sind, können Sie die Vorhänge mit einem Streifenmuster oder auch in der Farbe Grün wählen, da Grün dem Element Holz entspricht.

Befindet sich im Osten Ihr Essbereich, so sind Blumen auf dem Tisch, ein Sisalteppich oder ein Holztisch die beste Variante zur Förderung der Familienharmonie. Ein runder Tisch sollte im Übrigen immer einem eckigen vorgezogen werden, da die Familienmitglieder dort in einer Runde sitzen können. Eine Schale mit reichlich Obst vergrößert ebenfalls die Glückschancen der einzelnen Familienmitglieder.

Grundsätzlich sollten Sie alles Alte und Kranke aus dem Bereich des Ostens entfernen, wenn Sie Gesundheit wünschen. Dies trifft auch auf die Bilder zu, die in diesem Bereich hängen: Bilder von abgestorbenen Bäumen sind mindestens genauso destruktiv wie tatsächlich Abgestorbenes, das in diesem Bereich steht. Natürlich sollten Sie auch keine künstlichen Pflanzen in der Wohnung haben. Nur echte Pflanzen erzeugen Energie! Wenn Sie aber als Ausnahme auch einmal eine Seidenblütenpflanze aufstellen, so ist dies legitim, aber in der Wirkung nicht zu vergleichen mit den echten Pflanzen, zumal diese auch Schadstoffe aus dem Raum filtern können.

Die Gesundheit fördern

Wollen Sie gesundheitlich profitieren, so nutzen Sie die Richtung des «Himmlischen Heilers», Ihre Tien Yi-Richtung. Stellen Sie dafür zunächst Ihre Ming Kwa-Zahl fest:

Ming Kwa	TienYi-Richtung
1	Osten
2	Westen
3	Norden
4	Süden
5	Westen für Männer
5	Nordwesten für Frauen
6	Nordosten
7	Südwesten
8	Nordwesten
9	Südosten

Wenn beispielsweise Ihre Ming Kwa-Zahl die 8 ist, dann sollten Sie mit dem Kopf in Richtung Nordwesten schlafen oder in Richtung Nordwesten schauen, um Ihre Gesundheit zu unterstützen. Allerdings sollten Sie auf etwas Schönes und Aufbauendes schauen und nicht in einen tristen Winkel; ein Klangspiel in der Nordwestecke oder eine schöne Bronzefigur wären dazu beispielsweise geeignet. Sie können aber auch die Bilder von Bachblüten (Heilbilder) aufhängen.

Wenn Sie in einem Jahr des Drachens geboren wurden, so sollten Sie den Osten aktivieren, indem Sie eine Figur oder das Bild eines Drachens dort platzieren.

Farben im Bereich Osten:
Grün und Blau, die Pastellfarben der aufgehenden Sonne

Vermeiden Sie im östlichen Wohnungsbereich:
Weiß und Metall

Das Glück des Reichtums

Der Südosten – der Reichtum

Bringen Sie großblättrige Pflanzen in diesen Bereich, und graben Sie acht Feng Shui-Geldmünzen in die Pflanzerde ein. Sollte dies nicht möglich sein, so helfen auch Seidenbäume mit hellen, grünen Blättern, dann wächst der Reichtum. Insbesondere Orangen- oder Zitronenbäume mit reifen Früchten symbolisieren Wohlstand, und die Chinesen haben Sie oft zu Neujahr an den Eingängen aufgestellt. Orangen in einer Schale, goldgelb wie Gold, sind zudem generell ein Symbol des Wohlstandes. Wenn Sie mögen, können Sie auch Bambus, Chrysanthemen, Orchideen oder Pflaumenbäumchen aufstellen, da sie im Feng Shui als äußerst Glück bringend gelten. Bonsai-Pflanzen hingegen stehen für kleines Wachstum und behindern im Osten und Südosten Ihrer Wohnung den Reichtum und Erfolg. Sehen Sie auch von Kakteen ab, die mit ihren Spitzen Sha Chi-Pfeile senden und deshalb nur zur Abwehr im äußeren Bereich des Hauses eingesetzt werden sollten.

Wasser fördert zusätzlich den Wohlstand: Stellen Sie einen Zimmerspringbrunnen in den Südosten Ihres Raumes. Wenn Sie die Möglichkeit haben und von Ihrem Schreibtisch aus an die Wand in Richtung Osten oder Südosten blicken, dann hängen Sie dort ein Wasserbild auf, am besten eines mit einem Schiff, das in den Raum hineinsegelt; dies bringt Glück im Beruf.

Es gibt viele Feng Shui-Formeln, die in Ihren Räumen Anwendung finden können. Sie können beispielsweise immer drei Feng Shui-Geldmünzen an einem roten Band in Ihrer Handtasche tragen, denn die Zahl Drei steht für Himmel, Erde und Mensch, und das rote Band bringt Ihnen Glück.

Frühlingsgrün ist ebenso eine Farbe des Reichtums, und Sie können im Südosten das Grün für Wachstum und Gedeihen nutzen – entweder in Form von Vorhangstoffen, Tapeten, Wandanstrichen oder als Bild.

Bilder mit Goldfischen steigern ebenfalls den Reichtum, oder Sie stellen ein Aquarium mit acht roten und einem schwarzen Fisch auf. Sollte jedoch ein Fisch sterben, dann muss er sofort wieder ersetzt werden.

Nutzen Sie die Zahl 8, die Zahl des Reichtums. Es ist äußerst Glück verheißend, in einem Haus mit der Nummer Acht zu wohnen, genauso ist eine Telefonnummer, Autonummer oder die Nummer Ihres Kontos, die mit einer 8 endet, günstig für Ihren Wohlstand. Sollte zudem das Anschlusskabel Ihres Telefons aus der östlichen Richtung kommen, so werden Sie gute Nachrichten erhalten.

Überprüfen Sie hin und wieder Ihr Geschirr, ob Tassen und Gläser noch intakt sind, denn beschädigtes Geschirr bringt nach alter Überlieferung Unglück und finanzielle Verluste.

Das Glück der Partnerschaft

Es gibt eine Reihe von Symbolen, die das Partnerglück verstärken, doch in jedem Fall sollten Sie darauf achten, dass diese Dinge paarweise vorkommen, beispielsweise wenn Sie zwei Enten aufstellen oder zwei Qi-Gong-Kugeln bzw. zwei Kristalle benutzen.

Toiletten

Toiletten im Bereich des Südwestens schmälern das Partnerschaftsglück.

Können Sie diese nicht zur Abstellkammer umfunktionieren, dann hängen Sie dort zum Unterdrücken der negativen Energie ein Windspiel mit fünf Röhren aus schwarzem oder braunem Holz auf, und verkleiden Sie die Toilettentür mit einem großen Spiegel.

Achtung!

Achten Sie darauf, dass Sie keinen Baum am Schlafzimmerfenster haben, der abgestorben oder gespalten ist.

Fernseher gegenüber dem Bett, Spiegel am Fuß- oder Kopfende, Aquarien, Springbrunnen sowie das Bild eines Sees über dem Kopfende können Probleme in der Partnerschaft verursachen.

Die Vase, Ping, das Glück

Vasen mit zwei Vögeln darauf oder dem Symbol des doppelten Glücks ziehen Partnerglück an. Füllen Sie diese mit Pflaumen- oder Kiefernzweigen und Narzissen, so steht die Vase für Liebe, Glück und Frieden.

Kristallkugeln

Hängen Sie zwei Kristallkugeln ins Fenster, wobei die rechte Kugel höher hängen sollte als die linke.

Kalligrafie

Hängen Sie eine Glück verheißende Kalligrafie im südwestlichen Sektor auf.

Gemälde

Im südwestlichen Bereich können auch Gemälde von einer schönen Landschaft mit Bergen an die Wand gehängt werden. Dies gibt Stabilität in der Partnerschaft und gilt als glückliche Vorherbestimmung.

Enten

Enten-Figuren und Bilder eines Entenpaares sind ein Sinnbild für die Partnerschaft, da eine Ente nicht allein sein möchte und immer gemeinsam unterwegs ist.

Fliegendes Gänsepaar

Das Bild eines fliegenden Gänsepaares ist das höchste Symbol für Treue.

Unzufriedenheit in der Beziehung

Wenn Sie einen Fernseher im Schlafzimmer haben, so trägt dieser zur Unzufriedenheit bei. Auch die Arbeit gehört nicht ins Schlafzimmer, sie würde sich förmlich zwischen sie beide drängen. Sollte es nicht möglich sein, den Arbeitsbereich aus dem Schlafzimmer zu verbannen, trennen Sie ihn optisch mit einem Paravent oder einer Stoffbahn ab.

Im Westen

Zwei rote Blumen in einer silbernen Vase im Westen verstärken die guten Aussichten.

Im Südwesten

Stellen Sie eine gelbblühende Pflanze mit zwei Kerzen in diese Richtung. Paarweise aufgestellte Gegenstände verstärken das Zusammengehörigkeitsgefühl.

Beziehungsglück mit der Ming Kwa-Zahl

Mit Ihrer Nien Yen-Richtung Glück, Gefühle und Liebe verstärken

Ming Kwa-Zahl 1

Nien Yen-Richtung: Süden
Ihre Farben im Süden sind: Rot, Grün, Orange

Ming Kwa-Zahl 2

Nien Yen-Richtung: Nordwesten
Ihre Farben im Nordwesten sind: Weiß, Gelb, Silber und Gold

Ming Kwa-Zahl 3

Nien Yen-Richtung: Südosten
Ihre Farben im Südosten sind: Grün, Blau, Schwarz

Ming Kwa-Zahl 4

Nien Yen-Richtung: Osten
Ihre Farben im Osten sind: Grün, Blau und in Maßen Schwarz

Ming Kwa-Zahl 6

Nien Yen-Richtung: Südwesten
Ihre Farben im Südwesten sind: Beige, Rot, Gelb

Ming Kwa-Zahl 7
Nien Yen-Richtung: Nordosten
Ihre Farben im Nordosten sind: Beige, Rot, Gelb

Ming Kwa-Zahl 8
Nien Yen-Richtung: Westen
Ihre Farben im Westen sind: Weiß, Gelb, Gold, Silber

Ming Kwa-Zahl 9
Nien Yen-Richtung: Norden
Ihre Farben im Norden sind: Blau, Weiß und in Maßen Schwarz

Partnerfindung

Die Junggesellenwohnung

Vermehren Sie weibliche Energie, und reduzieren Sie sichtbare Yang-Energie wie Aschenbecher, Aktentasche und so weiter.

Gute Alternativen sind:

weibliche Skulpturen, Bilder von Frauen, weibliche Körper im Schlafzimmer. Bilder mit Narzissen und Pfingstrosen symbolisieren zudem eine bevorstehende Hochzeit, während Orchideen und Pfingstrosen eine Romanze zwischen befreundeten Paaren versinnbildlichen.

Definieren Sie die Eigenschaften des gesuchten Partners!

Suche nach einer Frau

Hängen Sie Bilder von Frauen auf. Wenn Sie eine Frau finden möchten, so sollten Sie auch Platz für sie schaffen und die Atmosphäre mit Kerzen, Räucherungen und weichen Materialien wie Decken und Kissen einladend gestalten. Stellen Sie zusätzlich eine weibliche Figur in den Südwesten. Sollte hier Ihr Bad liegen, dann legen Sie große Steine an Toilette und Badewanne, um das Erd-Element zu verstärken.

Suche nach einem Mann

Hängen Sie männliche Bilder auf. Wenn Sie einen Mann finden wollen, stellen Sie beispielsweise eine Yang-Figur, wie den Drachen, in die NW-Ecke Ihres Wohnzimmers oder die Statue eines Mannes.

Allgemein für Suchende

Tragen Sie eine Kette mit dem Zeichen zweier Fische, wenn Sie einen wohlhabenden Partner anziehen wollen.

Der doppelte Fisch steht auch für die sexuelle Vereinigung von Mann und Frau und ist geeignet für Verliebte sowie für frisch Vermählte.

Verabredung einer Frau in den Herbst- und Wintermonaten:

Rotes Kleid oder Kostüm, aber nicht zu viel tun!

Erklärung: Rot ist die Ernte und reife Frucht, zudem eine Yang-Energie, der Katalysator für die Liebe. (Wenn Sie ein Affe-, Hahn-, Schwein- oder Ratte-Mensch sind, verwenden Sie die Farbe Rot jedoch bitte nur in Maßen.)

Nutzen Sie den Vollmond, um Kerzen im Südwesten anzuzünden, und räuchern Sie mit «Kadesha», der Liebesräucherung (Bezugsquelle siehe Anhang).

Das Glück der Kinder

Der Westen – Kinder und Projekte

Wenn Ihr Kinderwunsch bisher erfolglos blieb, dann sollten Sie in die Nien Yen-Richtung Ihres Mannes schlafen. Platzieren Sie Bilder mit Kindern im Schlafzimmer, und wählen Sie Symbole der Fruchtbarkeit, wie beispielsweise Granatäpfel. In China gibt es auch einen Buddha mit vielen Kindern. Wenn Sie mögen, dann stellen Sie solch eine Buddha-Figur in Ihre Nien Yen-Richtung.

Dem Westen sollten Sie besondere Aufmerksamkeit schenken. Ist Ihr Wohn- und Schlafraum nach Westen hin ausgerichtet, wird die Energie für die Kinderzeugung gestärkt. Positionieren Sie dort eine Lampe, oder stellen Sie fünf

Kerzen auf (fünf: die Zahl der Erde). Sie können hier ebenfalls ein Aquarium platzieren. Vermehren sich die Fische, steigert sich auch die Chance zur Empfängnis, allerdings sollten es hier sechs rote und ein schwarzer Fisch sein.

Bringen Sie auch ein Klangspiel in den Westbereich Ihrer Wohnung mit sieben Röhren, denn dies ruft die Kinder herbei …

Sollten Sie schon Kinder haben, so können Bilder Ihrer Kinder an einer Westwand hängen, um ihr Glück zu fördern. Sind Sie kinderlos und beabsichtigen Sie, auch keine mehr zu bekommen, dann werden Ihre zukünftigen Vorhaben unterstützt, wenn Sie beispielsweise Bilder der Länder aufhängen, die Sie noch besuchen möchten, oder dekorative Objekte aus glänzenden Metallen, die Ihre Klarheit in Bezug auf die Zukunft fördern. Klarheit bedingt natürlich auch, dass dieser Bereich dann hell, klar und übersichtlich gestaltet ist.

Das Glück der Anerkennung

Der Süden – Anerkennung

Der Süden ist die Richtung des roten Vogels Phönix, und seine Energie ist Yang. Diese Energieform möchte sich ausbreiten, wächst in die Höhe und kann auch durch Längsstreifen in den Gardinen unterstützt werden. Rote Kissen oder auch ebensolche Vorhänge oder ein roter Teppich sind Yang-Energie-Formen, die dem Bereich des Vogels «Phönix» eine exzellente Energie geben, die den Bewohnern Glück bringt. Sie können andererseits auch die Wände in der Farbe Rot streichen. Tun Sie in diesem Fall nur nicht zu viel des Guten! Denn ein Zuviel kann in das Gegenteil umschlagen. Gerade die Farbe Rot möchte in Maßen eingesetzt werden, um dem Glück eine positive Richtung zu verleihen.

Andererseits können Sie auch mit Figuren agieren. Stellen Sie beispielsweise die Figur eines prächtigen Vogels auf, oder hängen Sie das Bild eines solchen an die Wand; ein Pfau würde sich hier besonders gut eignen. Auch Kraniche, Hähne oder Flamingos sind symbolträchtige Tiere.

Wer Anerkennung für seine Leistungen erlangen möchte, kann auch seine Urkunden in diesem Bereich platzieren, genauso selbst Getöpfertes oder

Handgearbeitetes. Schöne Kristallvasen oder große Skulpturen können hier platziert werden.

Darüber hinaus ist Licht ein gutes Mittel der Wahl. Es gibt wunderschöne, farbige Leuchten, die Ihrem Südbereich eine besonders schöne Note geben. Oder Sie entscheiden sich für die Farbe Gold. Denn goldene Farbe oder goldglänzende Gegenstände erzielen auch eine Yang-Atmosphäre und fördern Ruhm und Anerkennung.

Wenn sich die Himmelsrichtung Süden in Ihrem Wohnzimmer befindet können Sie auch eine Vase mit Blumen aufstellen, vorzugsweise mit roten oder rosafarbenen Blüten. Schnittblumen, ob einzeln oder als Strauß verwendet, stärken die Yang-Energie.

火土金水木

12.
Raum-Feng Shui vom Eingang bis zum Schlafzimmer

Farben für Ihre Räume

Wenn Ihr Raum in eine der untenstehenden Himmelsrichtungen zeigt, können Sie folgende Farben wählen:

Ein Raum im Süden:
Rot und Orange, Gelb und Grün

Ein Raum im Südwesten:
Gelb, Eierschalen, Rot und Orange

Ein Raum im Westen:
Weiß und helles Grau, Gelb und Metallic

Ein Raum im Nordwesten:
Weiß und Metallic, helles Grau und Gelb

Ein Raum im Norden:
Blau und Schwarz, Metallic und Weiß

Ein Raum im Nordosten:
Gelb, Eierschalen, Orange und Rot

Ein Raum im Osten:
Dunkelgrün, Türkis, Blau und Schwarz

Ein Raum im Südosten:
Lindgrün, Mint, Türkis und Hellblau

Die Eingangstür

Das Glück der Eingangstür

Ein frischer, runder Türkranz, der den Himmel symbolisiert, sowie frisches Grün im Allgemeinen sind für die Eingangstür unerlässlich. Sollte dies nicht möglich sein, tut es auch ein immergrüner Kranz aus Seide, der das Leben symbolisiert.

Das rote Türband des Glücks

Wer sein Glück fördern möchte, hängt am besten drei chinesische Münzen an einem roten Band, das die positive Wirkung fördert, an die Klinke seiner Wohnungstür.

Das Glück des Einganges können alle westlichen Menschen der Ming Kwa-Zahlen 2 und 8 sowie alle östlichen Menschen mit der Ming Kwa-Zahl 9 fördern, indem sie in die Nähe der Tür ein rotes »Türband« hängen. Traditionell hat man in China ein Band links und ein zweites Band rechts neben der Tür, im Innenbereich, hängen. (Alle Adressen hierfür finden Sie im Anhang.)

Sha Chi-Angriffe

Wenn gegenüber der Tür ein Baum, eine Straßenlaterne oder die Kante eines Hauses auf den Eingang zeigen, so wird die Tür »angegriffen«. In diesem Fall ist es ratsam, außen einen achteckigen, magischen, konkaven Feng Shui-Spiegel oder ein fünfröhriges Klangspiel aufzuhängen, um den schädlichen Einfluss abzuschwächen.

Die Glocke

Wenn Sie eine Glocke (Metall-Element) außen an die Tür hängen (zusätzlich zu Ihrer Klingel), wird der Klang das Glück in die Wohnung bringen. Das

Element Metall der Glocke ist förderlich für die Wasserenergie, die die Eingangstür, unabhängig von der Himmelsrichtung, darstellt. Metall steht auch für die klingende Münze, so dass der Reichtum der Bewohner gefördert wird. Insbesondere wenn Ihre Tür im Westen, Nordwesten oder Norden liegt, werden die Münzen und die Glocke Ihr Glück verstärken können. Für alle westlichen Menschen der Ming Kwa-Zahlen 6 und 7 sowie für alle östlichen Menschen mit der Ming Kwa-Zahl 1 ist dies eine optimale Feng Shui-Lösung.

Hinterausgang

Wenn Sie einen Ausgang zur Terrasse oder zum Balkon haben, also eine »Hintertür« besitzen, sind dort keine solche Symboliken anzubringen, da das Glück dort schwinden könnte. Betonen Sie immer nur die Eingangstür!

Schuhe

Räumen Sie alle Schuhe vom Boden, denn sie ziehen den Blick nach unten und behindern den freien Fluss des Chis durch Ihre Räume.

Krimskrams

Alles Überflüssige, Unschöne am Eingang lässt Ihre Erfolgsaussichten schwinden. Deshalb: Weg mit dem alten Plunder, den Trockensträußen und den tausend kleinen Nippsachen! Das Chi will fließen und Ihnen eine Fülle von Möglichkeiten ins Haus tragen. Stattdessen halten Sie fest an Kleinigkeiten und verlieren damit den Blick für das wirklich Wichtige und Große im Leben: Ihre Gesundheit, Ihr Glück, Ihr Wohlbefinden und das Ihrer Familie!

Duft

Gerade der Eingang sollte wohlriechend sein und Frische ausstrahlen! Deshalb: Weg mit den alten Turnschuhen am Eingang! Rein in den Schrank, Lavendel-Duftöl dazu, und Sie können wieder aufatmen.

Es gibt verschiedene Duftvarianten für Ihren Eingang, mehr dazu finden Sie bei den Bezugsadressen im Anhang; bewährt haben sich jedoch die Düfte »Be-Happy« und »Weltreise«. Oder nutzen Sie Lavendel, Zitronen- oder Orangendüfte, im Winter auch Zimt und Apfel. Dadurch wird eine warme Atmosphäre geschaffen, in der sich Ihre Gäste wohlfühlen.

Der erste Blick

Worauf fällt Ihr Blick, wenn Sie die Wohnung betreten? Ist es das Schlafzimmer, so werden Sie immer müde sein. Ist es das Arbeitszimmer, so werden Sie mitunter viel zu viel arbeiten. Befindet sich hier die Toilette, so werden Sie zu Verdauungsproblemen neigen. Schauen Sie gegen eine Wand, dann werden Sie sich blockiert fühlen; an diese Wand sollten Sie keinen Spiegel, sondern ein Bild mit Weitblick hängen. Ist im ersten Blickfeld die Küche, so werden Sie schnell an Gewicht zunehmen, weil das Essen im Vordergrund steht.

Idealerweise fällt Ihr erster Blick in den Wohnraum.

Der Tür-Indikator für Ihr Glück

Sie denken, es ist völlig unerheblich, in welche Richtung Ihre Tür zeigt? Im Gegenteil! Zeigt die Tür beispielsweise nach Norden, kann dies hinderlich bei der Findung des Wunschpartners sein, denn das Hexagramm des Nordens heißt Po, und Po steht für auflösend, zersetzend, Einsamkeit und wenig Unterstützung bei Freunden. Zum Ausgleich können Sie den Südwesten durch entsprechende Beleuchtung erhellen und Kristalle im Nordosten platzieren.

Tür nach Norden

Zu hohe Partneransprüche, zu viel Vernunft.

Tipp: Werden Sie lockerer, und bringen Sie in den Südwesten Kerzen, Licht und Symbole der Partnerschaft, zum Beispiel Herzen, ein.

Tür nach Nordosten

Liebesglück durch die Arbeit oder speziell im Büro.

Tipp: Stellen Sie ein Wasserobjekt in den Norden, und aktivieren Sie mit Kristallen den Südwesten.

Tür nach Osten

Andere sollen die Initiative ergreifen. Bequemlichkeit und Ausflüchte. Ergreifen Sie die Initiative!

Tipp: Hängen Sie ein Windspiel aus Metall mit sechs Röhren in den Nordwesten, und verwenden *Sie dort keine Lichter oder Wasser.*

Tür nach Südosten

Sprunghafte Einstellung zur Liebe; sucht überall nach Liebe und Anerkennung. Handeln Sie kritischer!

Tipp: Stellen Sie Lichter in den Südosten, um das Glück zu ergreifen.

Tür nach Süden

Romantisch! Liebesglück! Bewahren Sie die innere Ruhe.

Tipp: Aktivieren Sie den Nordosten für eine harmonische Partnerschaft.

Tür nach Südwesten

Ehrgeizig und wählerisch. Der Verstand herrscht über die Gefühle, dennoch aus dieser Richtung kommt das Glück auf Ihre Seite!

Tipp: Wasser im Süden kontrolliert das Feuer zur Aktivierung des Partnerglücks. Stellen Sie einen schweren Kristall, beispielsweise einen Salzkristall, in den Südwesten.

Tür nach Westen

Wechselnde Einstellung zur Liebe. Finden Sie heraus, was Sie wirklich wollen.

Tipp: Ein großer Salzkristallstein sorgt für Stabilität in Liebesangelegenheiten.

Tür nach Nordwesten

Liebe kann Probleme in gesundheitlicher Hinsicht verursachen. Aufstieg durch Heirat möglich. Günstig!

Tipp: Stellen Sie Pflanzen in den Osten. Junge Menschen sollten junge Pflanzen und ältere Menschen auch größere, ältere Pflanzen aufstellen, jedoch keine Bonsais, da sie die Geschicke verlangsamen.

Unglück vor der Hauseingangstür

Möchten Sie Unglück abwehren, so lassen Sie nie einen Besen oder Schrubber an der Tür stehen, es sei denn nachts. Denn wenn Sie dann einen Schrubber verkehrt herum gegenüber der Eingangstür aufstellen, soll dies, einer alten Überlieferung zufolge, Einbrecher verscheuchen.

Die Tür macht Geräusche: unglückliche Ereignisse

Wenn folgende Dinge vor der Tür oder dem Eingang stehen, dann bedeutet dies:

ein Abwassertank, eine Klärgrube oder sichtbar gelagerter Hausmüll	Verlust von Reichtum
eine Mühle, ein Mühlenrad, oder eine Maschine	Spannungen und Streit innerhalb der Familie, instabiles Leben
Säulen, Masten oder Pfeiler	Streit, Meinungsverschiedenheiten in der Familie und unter Geschäftspartnern
Garagen, Gartenhaus	Verlust des Besitzes
Abbruchhaus und aufgewühltes Baugrundstück	behindert Geschäfte jeglicher Art
gemeinsamer Eingang für zwei Häuser	Zorn und Streit
vor dem Eingang ständiger Wasserfluss	Geldverschwendung
ständig schlammige Erde mit Löchern	Nachteil für die Familie
große Bäume	nachteilig für die Kinder
Weg oder Straße zielen direkt auf die Haustür zu	Bewohner fühlen sich angegriffen

Flur, Treppe und Diele

Die Diele nehmen Sie beim Betreten der Wohnung als Erstes wahr, weshalb sie daher auch aufgeräumt, wohl riechend, hell und klar gestaltet sein sollte. Hier sammelt sich auch zuerst das eintretende Chi.

Sollte man zuerst die Schlafzimmertür sehen, so kann man sie verspiegeln. Allerdings nicht, wenn sie sich in direkter Linie, also genau gegenüber der Eingangstür befindet, sondern nur dann, wenn sie versetzt liegt. Sie könnten auch einen Vorhang an der Tür anbringen, um den ersten Blick nicht auf sie zu richten, denn das Schlafzimmer gehört zu den Yin-Bereichen, und der erste Blick sollte zu den Yang-Bereichen der Wohnung gehen, zum Beispiel dem Wohnzimmer oder anderen Gemeinschaftsräumen.

Sieht man zuerst die Küchentür, so können Sie ähnlich verfahren: Sie können einen Perlenvorhang davorhängen, um die Aufmerksamkeit nicht so stark auf das Essen zu lenken.

Wenn Sie zuerst auf den Essbereich schauen, so stellen Sie beispielsweise eine Pflanze oder einen Paravent auf, um Ruhe beim Essen zu gewährleisten.

Ist die Diele klein, sollte ein möglichst großer Spiegel den Bereich größer wirken lassen. Achten Sie aber darauf, was sich darin widerspiegelt! Ist es eine offene Garderobe, so wird dies nicht von Vorteil sein. Ist es dagegen ein Bild oder eine schöne Konsole mit Blumen, so gilt dies als günstiges Feng Shui.

Was Sie bei offenen Treppenstufen tun können

- ⊙ Eine Pflanze unter die Treppe stellen, da sie ihr Chi nach oben hin entwickelt.
- ⊙ Ein Licht unter die Treppe stellen und nach oben leuchten lassen.
- ⊙ Kristalle unter die Treppe hängen.
- ⊙ Fächer so an der Wand anbringen, dass sie wie eine Hand nach oben zeigen.
- ⊙ Spiegel an den Treppenabsatz anbringen. Achten Sie aber darauf, dass der Spiegel nicht Ihren Kopf »abschneidet«; verwenden Sie auch keine Spiegelkacheln.
- ⊙ Sie können auch einen Vernebler unter die Treppe stellen.

Beachten Sie, dass alles, was unter den Treppen im Blickfeld des Betrachters steht, die schulische Entwicklung Ihrer Kinder behindert. Also, räumen Sie auf!

Auch ist es wichtig zu wissen, dass offene Treppenstufen das Geld nur so verrinnen lassen, deshalb sind die oben genannten Maßnahmen unerlässlich.

Eine Treppe, die genau auf die Eingangstür zugeht, lässt ohnehin Ihr Glück schwinden und spült das Geld geradewegs aus der Eingangstür hinaus. Hängen Sie in einem solchen Fall an der Innenseite neben der Tür einen Spiegel auf. Wenn möglich, nutzen Sie einen Vorhang zur optischen Abtrennung der Treppe. Auf dem oberen Treppenabsatz könnten Sie zudem ein dekoratives Bild aufhängen, um die Aufmerksamkeit nach oben zu ziehen. Wählen Sie dabei allerdings Bilderthemen, die aufsteigend von unten nach oben die Fortführung eines Themas darstellen, beispielsweise eine Bildfolge der vier Jahreszeiten, beginnend im Herbst. Dies kann auch mit Farben geschehen: Von der Himmelsrichtung ausgehend, durch die Sie eintreten, beginnen Sie mit der Farbwahl. Kommen Sie beispielsweise aus Richtung Osten in die Wohnung, so beginnen Sie mit der Farbe Grün, dann Rot, Gelb, Gold, dann Silber und enden mit Blau am oberen Treppenabsatz. Dies können Farbtafeln sein (die Bezugsadresse finden Sie im Anhang), die es auch in den besten Feng Shui-Maßen gibt.

Wendeltreppen in der Mitte des Hauses

Wendeltreppen in der Mitte des Hauses sind nicht Glück verheißend. Stellen Sie darunter Topfpflanzen, um die Unfallgefahr für die Bewohner zu reduzieren, und konsultieren Sie Ihren Feng Shui-Berater!

Der Flur

Der Flur gleicht einer Lebensader, durch die ständig Chi gepumpt wird. Die Bewohner sollten sich durch diese Ader leicht hindurchbewegen können, ohne irgendwo anzustoßen oder anzuecken. Sind die Flure schmal, so nehmen Sie beispielsweise eine gewundene Deckenleuchte, die sich durch den Flur schlängelt, eine Beleuchtung, an der mehrere Lampen sind, die Sie jeweils zu den Seiten hin ausrichten können. So können Sie die Aufmerksamkeit von einem Bild zu einem Spiegel, die sich in diesem Fall diagonal voneinander entfernt befinden, lenken.

In jedem Fall kann man einen zu hohen Flur durch Bordüren verkürzen und die Farbe im unteren Bereich dunkler gestalten. Einen engen Flur wird man zudem mit hellen Farbtönen und spiegelnden Anstrichen, explizit mit Lasuren, erweitern.

Feng Shui-Tipp: Der Geldfrosch, schräg gegenüber der Eingangstür aufgestellt, bringt Ihren Geldfluss in Gang! (Siehe auch Bezugsquellen im Anhang.)

Die Zimmer- und Wohnungstüren

Türen, die sich beim Öffnen berühren, führen zu Zwistigkeiten. Hängen Sie ein Klangspiel zwischen die Türen.

Gegenüberliegende, leicht versetzte Türen, können durch einen Spiegel korrigiert werden, da sie zu Orientierungsschwierigkeiten der Bewohner führen könnten.

Wird der Flur durch schwere Deckenbalken unterteilt, können Sie diese mit einer Stoffbahn abhängen.

Sollte sich ein Raum am Ende eines langen Flures befinden, so bringen Sie außen an der Tür einen großen Spiegel an. Befindet sich hier eine Wand, so empfiehlt sich eine Konsole mit einem Spiegel, Blumen oder ein Bild, um die »Sackgassen-Situation« zu entschärfen. Dies vermittelt den Bewohnern das Gefühl, dass es im Leben vorangeht.

Das Wohnzimmer

Das Wohnzimmer ist der Mittelpunkt der Familie, weswegen hier im Idealfall mildes, gesundes Chi herrschen sollte, das Behaglichkeit, Entspannung, Vitalität, Freude und Gastlichkeit ausstrahlt.

Lage

Das Wohnzimmer sollte zentral liegen, wie Sie dies beispielsweise in Schweden antreffen, wo man in der Regel direkt in das Wohnzimmer eintritt.

Der Kamin

Ein großer Kamin, der Behaglichkeit ausströmt, wärmt das Herz der Familie. Stellen Sie einen Kamin oder eine Kamin-Attrappe an die Südwest-, Nordost-, die Ost- oder Südostwand, denn diese Richtungen der Erde und des Holzes sind mit dem Element Feuer des Kamins kompatibel.

In der Zeit, in der der Kamin nicht benutzt wird, können Sie vor die Öffnung Blumen stellen, damit der Blick nicht auf ein dunkles Loch fällt. Sie können auch in der Sommerzeit an den Abenden Kerzen in den Kamin stellen.

Hängen Sie über den Kamin einen Spiegel, und achten Sie auf die Dekorationen auf dem Kaminsims. Wenn Sie vor dem Kamin stehen, sollten die Gegenstände auf der rechten Seite höher sein als auf der linken; dies entspricht dem Prinzip von Yin und Yang und stellt ein gutes Feng Shui dar.

Teppiche

Hängen Sie niemals einen Teppich an die Wand, denn Sie wissen nicht, wer schon alles über ihn gelaufen ist. Stellen Sie auch immer die Herkunft der Teppiche fest, denn, sollte man seine Geschichte nicht kennen, so kann man sich negative Energien einladen. Auch sollten Sie keine Teppiche aus Haushalten kaufen, wo die Bewohner in der Wohnung gestorben sind. Ebenso sollten Sie nichts aus Konkursmasse oder von Menschen, die ein schlechtes Schicksal erlitten haben, kaufen.

Im Feng Shui gilt:

- ⊙ Alles, was Sie in die Waschmaschine stecken können, kann von negativen Energien gereinigt werden. Alles andere ist bedenklich!
- ⊙ Die Farbe des Teppichs sollte mit der Himmelsrichtung korrespondieren, in der er liegt.
- ⊙ Die Form des Teppichs sollte so gewählt werden, dass er die Form des Zimmers widerspiegelt, in der er liegt; dies erzeugt Harmonie und Gleichgewicht.
- ⊙ Ein Teppich kann auch eine Insel bilden: eine Insel unter der Essgruppe oder eine Insel unter der Sofagruppe. Sollte der Raum eine unregelmäßige oder L-Form haben, so ist es günstig, zwei gleich große Teppiche für die entsprechenden Bereiche zu wählen, um eine Harmonie innerhalb des Raumes herzustellen.
- ⊙ Runde und ovale Teppiche stellen ein günstiges Feng Shui dar.

⊙ Mehrere Teppiche übereinander ergeben einen unsicheren Boden, und sollten nach Möglichkeit auch wegen der Unfallgefahr vermieden werden.

Der Fußboden

Der Fußboden sagt sehr viel darüber aus, ob der Mensch sicher oder unsicher durchs Leben wandelt.

Ist der Boden gefliest, so ist dies das Muster der Erde, aber durch die kleinen Fugen dazwischen auch für Menschen, die die Welt »kleinkariert« sehen möchten, gut geeignet.

Ist der Marmorboden glänzend wie ein Spiegel, so steht die Welt auf dem Kopf, und der Himmel wird mit Füßen getreten. Das Leben der Bewohner ist unsicher.

Holzböden sind für naturverbundene Menschen genau richtig. Holz stellt zudem das Element des Wachstums dar.

Auslegeware sollte im Übrigen immer dunkler sein als die Decke, damit man sicher wandelt. Dies ist für Menschen, die gern in großen Dimensionen denken, förderlich.

Hi-Fi-Anlagen

Stellen Sie Ihre Hi-Fi-Anlage, die das Element Metall repräsentiert, an die Westwand des Wohnzimmers. Dies gilt insbesondere bis zum Jahr 2023, danach wechselt das »Zeitalter der Fliegenden Sterne«, und Ihr Feng Shui-Berater wird Ihnen sagen, welcher Platz vorteilhaft ist.

Regale

Offene Regale sollten Sie meiden, denn von ihnen geht Sha Chi aus – und damit keine gute Energie. Sollten Sie dies aber nicht mit Rollos o. Ä. beheben können oder wollen, so habe ich hier einen Tipp für Sie:

Stellen Sie die Kanten der Bücher so nach vorn, dass sie mit dem Regal abschließen. Am besten haben Sie natürlich abgerundete Regalbretter, die wesentlich harmonischer wirken als kantige.

Stellen Sie zudem alles Schwere in den unteren Bereich und die leichten Dinge und Bücher nach oben, und lockern Sie das Regal mit Kunstgegenständen auf.

Der beste Bereich für Regale ist daneben an der Ost-Südost-Nord und Nordost-wand.

Hohe Regale repräsentieren die Schildkröte und sollten sich seitlich an der Wand oder gegenüber der größten Fensteröffnungen befinden. In Blickrichtung der Fenster sind Kommoden oder niedrige Regale gut geeignet.

Familienbilder

Im Wohnzimmer sollte ein Bereich im Osten liegen, wo Sie Bilder der Familienmitglieder aufstellen oder an die Wand hängen. Achten Sie dabei darauf, dass die Bilder ein Dreieck oder ein Quadrat bilden. Hochzeitsfotos sind hier ebenfalls günstig positioniert; im Schlafzimmer sollten sie nicht stehen.

Vorhänge

⊙ an der Nordwand blau, Wellenmuster, geschwungene Schabracken

⊙ an der Südwand rot, gezackte Schabracken

⊙ an der West- und Nordwestwand weiß, weich und geschwungen

⊙ an der Ost- und Südostwand grün, längsgestreift

⊙ an der Südwest- und Nordostwand gelb, quergestreift oder
kariert

Blumen

Für ein gutes Feng Shui sollten Sie frische Schnittblumen (Yang-Energie) in Ihrem Wohnzimmer aufstellen. Wechseln Sie aber jeden Tag das Blumenwasser, da stinkendes und fauliges Wasser eine Yin-Atmosphäre schafft und damit Krankheiten Vorschub leistet. Verwelkte Blumen sind sofort zu entfernen, da sie ebenfalls Yin-Energie darstellen.

Sollte es wirklich nicht anders gehen, sind Seidenblumen mit Echtholzanteilen oder solche, die täuschend echt aussehen, verwelkten und unansehnlichen Blumen vorzuziehen. Dies ist zumindest dann eine Methode, wenn man viel auf Reisen ist und sich niemand um die Blumen kümmern kann. Denken Sie jetzt aber nicht, dass alles nur künstlich sein sollte, es müssen immer auch lebende und echte Elemente in der Wohnung sein, um den Raum mit Chi anzufüllen.

Getrocknete Blumen sind abgestorben und deshalb nicht empfehlenswert. Werfen Sie am besten noch heute alle Trockengestecke hinaus! Insbesondere dann, wenn Sie ein energetisch aufbauendes Ambiente bevorzugen, um Ihre Gesundheit und Ihr Wohlergehen zu fördern. Kranke Menschen benötigen Blumen, aber auch Topfpflanzen, da sie ihre Gesundheit stärken.

Sitzgruppe

Platzieren Sie die Sitzgruppe so, dass Sie eine Wand im Rücken haben und nach Möglichkeit auch noch die Tür im Blickfeld.

Stellen Sie Sessel am besten in einem 45 Grad-Winkel auf, dies ist äußerst positiv, oder wählen Sie eine halbrunde Couch statt einer eckigen.

Sofas und Sessel sollten Sie nach Möglichkeit nicht gegenüber eines scharfkantigen Wandvorsprunges aufstellen und nicht unter frei gelegte, niedrige Deckenbalken.

Stellen Sie zudem nicht zu viele Möbel im Wohnzimmer auf, so dass noch Bewegungsfreiheit bleibt.

Die günstigsten Richtungen für ein Wohnzimmer sind das Zentrum der Wohnung selbst, der Süden, der Südwesten, der Osten oder der Südosten. Eine Eckposition des Wohnzimmers innerhalb der Wohnung kann die Familienmitglieder erdrücken und der Familienzusammenhalt wird nicht sehr groß sein.

Wenn Sie in das Wohnzimmer eintreten, so sollte Ihr Blick nicht gleich auf ein Fenster fallen. Ist dies dennoch der Fall, hängen Sie Kristalle mit einem Durchmesser von 30, 50 oder 60 Millimetern ins Fenster, um den Blick daran festzuhalten, bevor er in die Ferne schweift. Denn mit dem Blick in die Ferne schwindet auch das Chi, das dann von der Tür den direkten Weg durch das Fenster nehmen und den Bewohnern nicht mehr in vollem Umfang zur Verfügung stehen würde. Pflanzen im Fenster, ein Klangspiel im Blickfeld oder ein Paravent können ebenfalls Abhilfe schaffen. Oft gehe ich mit meinen Klienten auch den Weg, dass wir zwischen Fenster und Tür eine Stoffbahn hängen oder ein Regal mit Pflanzen und schönen Dingen als Raumteiler verwenden.

Ein Wohnzimmer mit vielen Türen und großen Fenstern lässt seine Bewohner unruhig werden, das Glück schwinden und Geborgenheit sowie

Harmonie vermissen. Vielleicht können Sie eine Tür verhängen und nicht mehr benutzen. Sollte dies nicht möglich sein, können Sie die Fenster durch Gardinen optisch verkleinern.

Die Küche

Ist die Küche positiv gestaltet, so kann sie alle Bereiche fördern: Liebe, Wohlstand, Nahrung und Wissen. Mahlzeiten sollten Sie frisch zubereiten (Anregungen finden Sie im Buch »Die Essenzen des Lebens«), und gemeinsam mit der Familie einnehmen. Dies fördert den Familienzusammenhalt und ist der Gesundheit aller Bewohner zuträglich. Ein liebevoll gedeckter Tisch unterstützt dabei noch zusätzlich.

Die günstigste Position für den Herd, der das Element Feuer symbolisiert, ist der Osten. Vermeiden Sie es in jedem Fall, den Herd im Nordwesten, dem Bereich des Metalls und des Familienoberhauptes, aufzustellen, da dies Nachteile für ihn mit sich bringen würde. Sollte der Herd doch dort stehen müssen, so stellen Sie ihn nicht auch noch an die Westwand. – Wenn es nicht anders möglich sein sollte, können Sie auch mit einem Wok arbeiten, wie ich dies oft tue, und den Stecker in die Wand einstecken, die in Ihrer günstigen Richtung liegt. Lassen Sie eventuell auch einen Feng Shui-Berater in Ihre Wohnung kommen, der Ihnen bei der Umsetzung hilft, denn die richtige Herdstellung ist nicht zu unterschätzen, hat sie doch Auswirkungen auf das Glück des Familienoberhauptes.

Die Spüle stellt die Wasserenergie dar und gehört an die West-, Nordwest oder Nordseite. In jedem Fall sollten Herd und Spüle – Feuer und Wasser – nicht nebeneinander stehen, so dass sie sich nicht gegenseitig stören. Als Abhilfe wird eine Metallfolie empfohlen, die zwischen Herd und Spüle an den jeweiligen Außenflächen der Geräte angebracht wird. Der Herd erhält die Folie mit der Spiegelseite zur Spüle, und die Spüle bekommt die Spiegelseite zum Herd. Stehen Herd und Spüle direkt nebeneinander und nicht mindestens sechzig Zentimeter auseinander, so kann es zu stagnierenden Finanzen, häuslichem Streit und Unzufriedenheit kommen. Sind Herd, Kühlschrank und Spüle aneinandergereiht, so kann dies zu Verwirrungen bezüglich des Lebensweges führen, da die Elemente Feuer und

Wasser eine zu starke destruktive Kraft, Sha Chi, entwickeln können. In diesem Fall benötigen Sie das Element Holz in Form eines grünen Läufers, lindgrüne Farbe sowie Holz- und Korbmaterialien. Zwischen Herd und Spüle können Sie auch Holzlöffel stellen, um den Konflikt wirksam zu beseitigen.

Sollten Sie beim Kochen mit dem Rücken zur Tür stehen, so empfiehlt es sich, dass Sie einen Spiegel hinter dem Herd platzieren, der Ihnen die Sicht nach hinten ermöglicht. Ein spiegelndes Tablett oder eine polierte Kupferplatte eignen sich ebenfalls.

Die Küche ist das Herzstück und Zentrum der Feuer-Energie. Hier sind Holzgegenstände, Weidenkörbe und Bilder mit Früchten oder Kräutern richtig platziert. Messer gehören grundsätzlich in einen hölzernen Messerblock oder in eine Schublade, damit sie aus dem Blickfeld sind, da sie sonst Sha Chi aussenden.

Kochen Sie anstatt mit Strom lieber mit Gas, dann ist die Nahrung bekömmlicher.

Bei einer meiner Beratungen traf ich eine völlig weiße, sterile Küche mit vielen Metallgegenständen an, und die Bewohner litten unter den unterschiedlichsten Gesundheitsproblemen. Erst als mehr Holz eingesetzt wurde, und die Bewohner wieder mehr Freude an der Zubereitung der Nahrung entwickelten, die Küche in Grün gestrichen war und die Vorhänge grüne und rote Farben aufwiesen, verbesserte sich auch ihre Gesundheit.

Genauso bei einer Frau, die zur Magersucht neigte: Sie erhielt von mir den Rat, die Küche in Lindgrün zu streichen und Spiegel an der Küchenzeilenrückwand anzubringen. Auch im Esszimmer hing ein großer Spiegel gegenüber dem Tisch. Sie nahm erfreulich zu und war nach einem halben Jahr schwanger. Sie heiratete und zog mit ihrem Mann in ein neues Haus. Dort konsultierte sie mich dann zunächst nicht, weil sie glaubte, dass ja nun alles in Ordnung sei, aber es stellten sich Probleme mit ihrem Ehemann ein. Als sie mich in diesem Stadium rief, konnte ich ihr dennoch helfen, wieder ein glückliches und erfülltes Eheleben zu führen und die Problematiken in ihrem Umfeld auf Dauer zu beseitigen.

Die Rückwand des Arbeitsbereiches in der Küche ist oft gekachelt. Sie können vor die Kacheln eine Platte anbringen, um die Wirkung der Kacheln aufzuheben, da Kleinkariertes und Dunkles, explizit Braunes, auf der einen Seite zwar das Erd-Element darstellt, aber andererseits auch zu »Kleinkariertheit« im übertragenen Sinne führen kann. Weite und einheitliche Flächen sind für Geistarbeiter, die kreativen Spielraum benötigen, wesentlich besser. – Ich selbst habe in meiner Küche eine große, satinierte, orangefarbene Glaswand an der Rückseite der Küchenzeile, die den Appetit fördert und zu der vanillefarbenen Küche sehr gut harmoniert. (Die Bestelladresse finden Sie im Anhang.)

Feng Shui-Tipps für die Küche
Defekte Geräte sollten sofort repariert werden.

Zu viele elektrische Geräte im Blickfeld machen Sie hektisch und nervös.

Offene Steckdosen, wenn Sie vor ihnen kochen, haben einen Radius von etwa einem Meter und verbreiten Elektrosmog. Toaster oder Brotschneidemaschinen können auch zum Problem werden, da sie über ihr Metallgehäuse noch mehr Elektrosmog verbreiten können. Mein Rat: Lieber den Stecker rausziehen!

Ein Herd gehört nicht unter einen Balken! Dies zieht übles Feng Shui nach sich, und es können sich allerhand Unglücksfälle ereignen.

Der Essbereich

Sie sollten generell an einem ruhigen Platz essen. Sollte Ihr Essplatz an einer Treppe liegen, können Sie das Problem beheben, indem Sie einen Vorhang vor der Treppe anbringen.

Wer möchte, dass die Familie lange beieinandersitzt, sollte sichergehen, dass der Esstisch nah an der Küche und trotzdem in einem geschützten Bereich steht.

Dem Essen räumen die Chinesen einen wichtigen Platz ein. Hier versammelt sich die Familie am besten an einem runden Tisch mit direkter, darüber hängender Beleuchtung. Stellen Sie zudem immer Obst und Blumen auf den Tisch, wie ich dies in meinem Haus auch tue, denn dies vermehrt den Reichtum der Familienmitglieder. Beachten Sie darüber hinaus noch folgende Hinweise:

Spiegel
Meist hat man in Europa nicht immer ein Esszimmer, aber einen Essplatz innerhalb des Wohnzimmers. Ein großer Spiegel an dieser Stelle verdoppelt die

Nahrung, die auf dem Tisch steht, und sorgt dafür, dass diese immer reichlich vorhanden sein wird. Ein Spiegel an der Nordwand fördert das Wohlergehen der Familie.

Früchte

Eine Schale mit reifen Früchten der Saison auf dem Tisch wird dafür Sorge tragen, dass auch in Zukunft reichlich Nahrung vorhanden sein wird. Eine runde Schale (die Bestelladresse finden Sie im Anhang) gleicht dabei zusätzlich einen viereckigen Tisch aus, der das Element Erde darstellt, und symbolisiert das Element Metall. (Chinesische Geldmünzen stellen diese Symbolik übrigens ebenfalls dar, so dass Sie mit einer runden Schale auf dem Tisch auch den Reichtum einladen.) Reife, rote Orangen stehen in China für Gold. Zu Neujahr findet man diese Früchte deshalb verstärkt in chinesischen Wohnzimmern, um Gold oder auch Geld für das neue Jahr in das Haus einzuladen. Großes Glück soll von ihnen ausgehen.

Es dürfen keine faulen Früchte in der Schale sein, weshalb ich meinen Feng Shui-Klienten immer dann Holznachbildungen von Früchten empfehle, wenn es sich um einen Singlehaushalt handelt und man oft auf Reisen ist. Legen Sie zu den Nachbildungen aber immer echtes Obst, zum Beispiel Orangen. Es sollte eine ungerade Anzahl (Yang) sein, um mit ihnen zusätzlich den Reichtum zu symbolisieren. Wenn Sie ein Orangenbäumchen aufstellen möchten, so ist dieses sehr gut im Südosten Ihrer Wohnung platziert, auch wenn dieser Bereich für Sie persönlich nach Ihrer Ming Kwa-Zahl der »Verlustbereich« sein sollte. Es verheißt dann trotzdem viel Glück – und dies vor allem für die ganze Familie. Eine Besonderheit stellt das Eingraben von acht chinesischen Glücksmünzen in die Erde eines Bäumchens dar: Wächst das Bäumchen, so wächst auch der Reichtum.

Stühle

Die Stühle sollten immer in einer geraden Anzahl vorhanden sein, da dies die Zahl von Paaren impliziert. Eine gerade Anzahl von Stühlen vermittelt Liebe, Fürsorge und »doppelte Freude«. Sie benötigen in offen gestalteten Wohnsituationen Polsterstühle mit hohen Lehnen, um einen Rückenschutz zu gewährleisten. Legen Sie auch einen Teppich unter die Essgruppe, um eine Insel zu bilden.

Tisch

Ein runder Tisch steht für die Wohltaten des Himmels und ist segensreich für die ganze Familie. Ein quadratischer Tisch symbolisiert dagegen die Wohltaten der Erde, und ein achteckiger Tisch die Versammlung von Himmel, Erde und ihren Kindern. Ein rechteckiger Tisch wirkt formal und hierarchisch.

Bilder

Bilder mit Früchten an der Wand des Essbereiches fördern den Reichtum der Familie im Hinblick darauf, dass die Familie immer wohl genährt sein wird.

Vorhänge

Farbe und Material richten sich nach der jeweiligen Himmelsrichtung, in der sie hängen.

Süden	Rot, Orange, Gelb oder Grün, längsgestreift
Südwesten	Gelb, Eierschalen, Rot, Orange, quergestreift/kariert
Westen	Weiß, Gelb, glänzend, geschwungen, Kreis- oder Spiralmuster
Nordwesten	Weiß, Gelb, glänzend, geschwungen, Kreis- oder Spiralmuster
Norden	Weiß, Blau, glänzend, geschwungen, Wellenmuster
Nordosten	Weiß, Gelb, glänzend, geschwungen, Kreis- oder Spiralmuster
Osten	Grün, Blau, längsgestreift
Südosten	Grün, Blau, längsgestreift

Stellen Sie sicher, dass Ihr Esstisch an einem geschützten Platz steht und nicht zwischen Tür und Fenster, das fördert die Familienharmonie. Wer die Tür beim Essen einsieht, wird die Kontrolle über die Gespräche und die Situation haben. Sollte dies Ihr jüngster Sohn sein, so wird er sehr stark und herrschend. In der Regel nimmt aber das Familienoberhaupt diesen Platz ein. Sie können die Sitzverteilung allerdings auch nach folgender Regel aufstellen:

im Süden die mittlere Tochter

im Südwesten die Mutter

im Westen die jüngste Tochter

im Nordwesten der Vater

im Norden der mittlere Sohn

im Nordosten der jüngste Sohn

im Osten der älteste Sohn

im Südosten die älteste Tochter

Das Arbeitszimmer

Wenn Sie ein separates Arbeitszimmer haben, sollten Sie sicherstellen, dass es in einem für Sie günstigen Bereich nach Ihrer Ming Kwa-Zahl liegt. Stellen Sie den Schreibtisch zudem so auf, dass Sie eine Wand im Rücken und freien Blick auf die Tür haben.

Wichtig ist in jedem Fall, dass Sie den Arbeitsplatz immer aufräumen, bevor Sie ihn verlassen und einmal wöchentlich mit einem feuchten Tuch reinigen, dies steigert Ihre Arbeitsmotivation. Bilder, die mit Ihrem Beruf zu tun haben, Urkunden, die Sie am besten an die Südwand hängen, oder Symbole von Bäumen, die Wachstum darstellen, eigenen sich neben Wasserobjekten für das Arbeitszimmer.

Hier noch einige Einrichtungstipps:

Deckenschrägen

Schrägen im Raum können eine gemütliche und beschützende Atmosphäre erzeugen. Einzig und allein der Winkel und damit die Höhe ist entscheidend: Wer sich ewig an irgendwelchen Ecken von Schrägen stößt, sich immer bücken muss oder selbst beim Arbeiten am Schreibtisch den Eindruck gewinnt, dass er »erdrückt« wird, kann sie getrost als »störend« einstufen.

Alle Neigungswinkel von Deckenschrägen unter 45 Grad werden zu sehr das Energiefeld drücken – Ihr eigenes und das des Raumes.

Der Blick vom Schreibtisch mit dem »Visier«, also von der unteren Schräge in die Weite, ist als günstig einzustufen.

Haben Sie zu kleine Fenster, so können Sie die Leibungen auch mit Spiegeln verkleiden lassen. (Bestelladressen finden Sie im Anhang.)

Wenn Sie oft und lange am Computer sitzen, ist Lindgrün die beste Farbe, da es den Augen besonders gut tut.

Blau hingegen bringt Ruhe und Kühle in den Raum und kann in Kombination mit Weiß eine arbeitsunterstützende Atmosphäre schaffen. Beachten Sie hierzu, in welcher Himmelsrichtung sich Ihr Raum befindet und welches Ihr Jahreselement ist. (Bezugsadressen für schöne Wandgestaltungen finden Sie im Anhang.)

Wenn Sie zur westlichen Lebensgruppe gehören, sind Bergbilder ohne Wasser in Ihrem Rücken förderlich. Sind Sie hingegen ein Ostmensch, so sollten Wasserbilder im Blickfeld liegen.

Die Schreibutensilien stellen den Wert dar, den Sie sich selbst beimessen. Schauen Sie sich einmal genau an, mit was Sie schreiben und agieren!

Am Computer können Sie rechts oben ein Bild Ihrer/s Partner/In oder Ihrer Familie aufstellen. Auf der linken Seite kann in der oberen Ecke eine Pflanze oder ein Reichtumsbuddha stehen, der Ihr finanzielles Einkommen sichert. Eine große, runde Goldschale eignet sich für die Ablage Ihrer Post, wie ich dies selbst in Verbindung mit einem Reichtumsbuddha auf meinem Tisch stehen habe, und dies hat mir schon sehr viel Glück gebracht.

Achten Sie darauf, dass Ihr Schreibtisch aus Holz, nicht aus Glas, und stabil ist. Nach Möglichkeit sollte die Platte gute Feng Shui-Maße haben.

Günstige Maße sind beispielsweise: 148 cm x 70 cm oder 153 cm x 89 cm.

Kreative Menschen benötigen runde und geschwungene Schreibtischformen, Pragmatiker hingegen eckige. (Näheres dazu finden Sie in dem Buch »Beauty-Feng-Shui«.)

Stellen Sie sicher, dass Sie nicht gegen ein hohes Regal schauen. Eine Ausnahme bildet ein Wandschrank, der in der Farbe des Raumes gestrichen wurde, so dass er eine Wand darstellt. Aber selbst dann kann er, wenn Sie zu nah daran sitzen, bedrohlich wirken und Sie förmlich erdrücken. Ein Highboard im Blickfeld ist hier günstiger, darüber ein Bild der Weite oder Ihre Urkunden.

In Ihrem Rücken sollten Sie nichts als eine Wand und ein Bild haben, das Ihr Ansehen stärkt und Ihrem Jahres-Element in Farbe und Ausdruck entspricht. Wenn es nicht anders geht, so ist hier ein geschlossener Wandschrank Ihre persönliche »Schildkröte«, Ihr Rückenschutz.

Das Problem der offen herumliegenden Kabel sollten Sie mit Kabeltunneln in den Griff bekommen, damit Ihr Nervenkostüm nicht angegriffen wird, denn Kabel wirken wie offene Nervenstränge: Jedes Mal, wenn man darauftritt oder über sie stolpert, reizt dies Ihre Nerven.

Das Kinderzimmer

Wenn Ihr Kind Schulprobleme hat, dann überprüfen Sie zunächst, ob es in der für es besten Kopfrichtung schläft, an der Außenwand keine Satellitenschüssel ist und kein Elektrosmog in das Zimmer dringen kann. Vor allem aber sollte das Kind nachts nicht auf dem Fußboden schlafen, weil dies das Wohlbefinden stört.

Sorgen Sie dafür, dass das Kind bei den Schularbeiten nicht direkt gegen eine Wand schaut, was das Denken blockiert (hängen Sie, wenn es nicht anders möglich ist, ein Bild der Weite an die Wand), und nicht in direkter Linie aus dem Fenster, denn wenn es direkt hinausschaut, so verleitet dies zum Träumen. Aggressiv reagieren manche Kinder auch bei Dreiecksmustern, wenn sie zum Beispiel auf die dreieckige Kontur eines Nachbar-Dachgiebels schauen. Ein Kristall im Nordosten des Zimmers vermittelt Erdenergie und unterstützt das Lernen.

Kinder benötigen ein klares Umfeld und nicht zu große Räume, und sie können bis zum Eintritt in die Schule Bordüren an den Wänden haben, die quer verlaufen. Dies bringt ihnen Ruhe und Geborgenheit. Wenn die Kinder allerdings im schulfähigen Alter sind, dann sollten Sie die waagerecht verlaufenden Borten entfernen, die das Lernen behindern können.

Betthimmelchen schützen Sie vor allzu hohen Raumhöhen. Bei einer meiner Beratungen habe ich von den Eltern gehört, dass ihr Kind oft nachts neben dem Bett, beim Kleiderschrank auf dem Boden liegend, anzutreffen war. Das Problem war, dass das Bett unter einem offenen Dachgiebel stand, der schwindelerregend hoch war; der Kleiderschrank war, bedingt durch eine Dachschräge, aber ein geschützter Bereich, und dort zog es das Kind hin. Natürlich können auch schon einmal Störzonen wie Wasseradern oder Gitternetzkreuzungspunkte von kosmischen Gitternetzen dafür verantwortlich sein, dass Kinder nicht in ihrem Bett schlafen wollen. Lassen Sie dann einen Rutengänger kommen.

In jedem Fall sollten Sie sicherstellen, dass das Kind nachts kein Fernsehen schaut und keine Spielsachen im Blickfeld liegen; diese stören den Schlaf und verursachen schlechte Träume. Sie gehören in Körbe, in die Regale oder Schubladen. Um den Kindern mehr Ruhe zu geben, empfiehlt es sich auch, die Muster im Raum zu reduzieren, da durch die Bücher und Spielsachen bereits vielfältige farbige Einflüsse gegeben sind.

Wählen Sie die Farben für das Kinderzimmer nach dem Jahres-Element Ihres Kindes. Bedenken Sie dabei jedoch, dass ein Kind verschiedene Phasen seiner Entwicklung durchläuft, die auch verschiedene Farben erfordern. In einer speziellen Feng Shui-Beratung vor Ort kann darauf genau eingegangen werden, und durch die Ermittlung der Jahreszyklen des Kindes lässt es sich leicht feststellen, welche aktuelle Farbe die Entwicklung des Kindes unterstützt.

Stellen Sie das Kinderbett mit der Kopfrichtung entsprechend der Ming Kwa-Zahl auf, und stellen Sie darüber hinaus sicher, dass es an einer Wand und nicht unter einem Fenster oder in direkter Tür-Fenster-Linie mit dem Kopfende steht. Eine besondere Problematik besteht, wenn das Bett unter oder neben einer Satellitenschüssel steht. Ein Kind, das in dieser Lage war, hatte einen linksseitigen, permanenten Lidschluss bekommen, den man nicht ursächlich aufklären konnte. Als das Kind in ein anderes Zimmer umquartiert worden war, öffnete sich nach einigen Wochen das Lid jedoch wieder. Ein Wunder war geschehen, für die Ärzte ein unerklärliches Phänomen!

Bringen Sie natürliche Materialien in das Kinderzimmer, um die Allergieanfälligkeit nicht durch lackierte Oberflächen von Möbeln, Pressspanflächen, PVC, Kleber von synthetischen Teppichen und andere Allergieauslöser zu erhöhen. Die Zunahme der Allergien, der Hyperaktivität und der Lernschwierigkeiten sind häufig auf solche Schadstoffe zurückzuführen. (Lesen Sie hierzu auch gerne das Buch»Feng Shui & Naturmedizin – 8 Faktoren für Ihre Gesundheit.)

Das Bad

Das Bad sollte nicht die Hauptrolle in Ihrer Wohnung übernehmen, vielmehr lagen früher gerade die Toiletten im Außenbereich, weit weg vom Haus.

Sie können dennoch einiges unternehmen, um ein günstiges Feng Shui zu erreichen.

Gutes Feng Shui erreichen Sie durch:

- ⊙ Geschlossene Toilettendeckel, denn stehen die Toilettendeckel offen, so wird das Geld sinnbildlich aus dem Haus geschwemmt.
- ⊙ Saubere und Tageslicht-Bäder sind ein Muss.
- ⊙ Türen, die Sie geschlossen halten. Ist die Tür zur Toilette immer offen, so kann es gesundheitliche Schwierigkeiten geben.
- ⊙ Weiße, blaue und metallische Farben sind zu bevorzugen.
- ⊙ Indem Sie innen und außen an der Tür einen Achteckspiegel, auch Baguaspiegel genannt, anbringen.
- ⊙ Indem Sie von der Badewanne aus die Tür einsehen können und in der Badewanne nicht mit dem Kopf an der Toilette liegen.

Vermeiden Sie

- ⊙ die Badewanne neben dem WC
- ⊙ die Toilette/das Bad in der Mitte des Hauses

165

⊙ tropfende Wasserhähne (überprüfen Sie die Wasserhähne regelmäßig auf Dichtigkeit, damit Sie kein Geld verlieren!)

⊙ Abgestorbenes, Chaotisches, Unschönes im Bad

Befindet sich Ihr Bad im Westen, so verwenden Sie hier Ocker-, Goldgelb- oder Apricot-Töne, und dekorieren Sie es mit Steinen und Accessoires aus dem Ton- und Keramik-Bereich. Sie können natürlich auch mit Handtüchern, Vorhängen und einem Badvorleger in den angegebenen Farben spielen.

Bringen Sie an der Außentür zudem einen großen Spiegel an, um den Frauen in der Wohnung das Glück zu sichern.

Ein Bad im Süden bekommt Rottöne, Rosé oder Apricot, im Osten und Südosten Grüntöne.

Sollte sich Ihr Bad in der Mitte der Wohnung befinden, so verspiegeln Sie es innen, so dass sich die Spiegel gegenseitig reflektieren, und bringen Sie einen großen Spiegel an der Türaußenseite an.

Die Fünftelung des Grundrisses

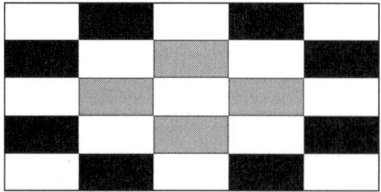

■ hier können sich WCs befinden
▨ wenn ausreichende Belüftung möglich ist, können auch hier WCs sein

Sollte sich Ihr WC in einem der weißen Felder befinden, so stellen Sie unter die Toilette oder seitlich davon einen mindestens fünf Kilogramm schweren Feldstein (oder mehrere davon, bis Sie auf das Gewicht kommen) auf. Bambusstangen seitlich der Toilette helfen ebenfalls, das Chi zu regulieren. Binden

Sie dazu drei dünnere Stangen mit einem roten Band zusammen, und stellen Sie sie senkrecht bis zur Decke auf. Sie können auch kleine Bambuspflanzen auf den Absatz der Toilette stellen. Diese Regulationen helfen dabei, dass keine Probleme für eines der Familienmitglieder auftreten.

Befindet sich die Toilette auf dem Westpunkt, so wird es Probleme für die jüngste Tochter des Hauses geben. Befindet sie sich im Südwesten, so wird die Mutter betroffen sein, im Nordwesten der Vater und so weiter.

Das Schlafzimmer

Das Schlafzimmer sollte ein Ort der Ruhe, der Behaglichkeit und der Liebe sein. Fernseher sind Yang und stören die Ruhe, aber auch die Liebe des Paares. Halten Sie sich auch fern von den Bässen der Musikanlagen. In einem Fall hatte ein Paar die Basswürfel als Nachtkästen benutzt, und die Folge war, dass die Frau ein Nervenleiden, eine halbseitige Gesichtslähmung bekam; diese bildete sich jedoch zurück, als die Basswürfel aus dem Schlafzimmer verbannt worden waren!

Sie können sich sicher vorstellen, dass es auch besser ist, nicht auf Störfaktoren zu schlafen. Denn wenn Sie ein Metallbett und Federkernmatratzen haben, so sind die Störungen immens! Holzbetten, Naturlatex-Matratzen oder ähnliche Naturvarianten sind dagegen wesentlich gesünder. (Die Bestelladresse finden Sie im Anhang.)

Stellen Sie Ihr Bett zudem parallel zu einer Wand, da sonst die Dinge im wahrsten Sinne des Wortes schieflaufen könnten.

Spiegel eignen sich ferner nicht fürs Schlafzimmer. Decken Sie große Spiegelschranktüren daher nachts mit einem Seidentuch ab, oder ziehen Sie einen Vorhang davor. Im Idealfall haben Sie gar keinen Spiegel im Schlafzimmer, denn von ihnen gehen sehr viele Probleme aus, die Sie durch ein Entfernen einfach vermeiden können. Für Amalgamträger kann sich dies sogar auf die Gesundheit auswirken, denn Quecksilberanteile könnten leichter in die Blutbahn geschwemmt werden, so der »Aschoff-Test«. Zudem lassen Spiegel den Schläfer keinen ruhigen Schlaf finden, da Spiegel Yang-Energie verbreiten, der Schlaf selbst aber ein Yin-Zustand ist.

In jedem Fall aber sollten Sie sicherstellen, dass Sie nicht mit dem Kopf an der Wand zur Toilette schlafen, keine Balken über sich haben, nicht mit den Füßen zur Tür schlafen, nicht unter einem Fenster liegen und in eine für Sie günstige Richtung mit dem Kopf liegen.

Das Schlafzimmer ist mindestens genauso wichtig im Feng Shui wie der Eingang. Ist erst einmal der Eingang mit Ihrer Ming Kwa-Zahl in Übereinstimmung, dann sollte es daher als Nächstes das Schlafzimmer sein. Dies kann auch ein abgetrennter Bereich im Wohnzimmer sein, wenn Sie nicht genügend Platz für ein separates Schlafzimmer haben sollten. Trauen Sie sich, einmal ganz anders zu denken als bisher!

Schauen wir uns nun die für Sie besten Richtungen für die Lage eines Schlafzimmers und für die Kopfausrichtung an:

Sie sollten zunächst in der Tabelle nach Ihrer Ming Kwa-Zahl suchen. Denn vier Richtungen sind mit Ihnen in Harmonie und unterstützen Sie, und vier weitere Richtungen machen Ihnen das Leben schwer. Sehen Sie deshalb zunächst in der Tabelle nach, welche Räume und Schlafrichtungen Ihnen besonders gut tun.

Der Raum wird immer auf den Hauptverdiener der Familie ausgerichtet, weil er am meisten Unterstützung benötigt. Fällt er aus, leidet die restliche Familie. Damit dem nicht so ist, sollte er in einem für ihn günstigsten Raum liegen.

Das war der erste Schritt. Doch selbst wenn der ausgesuchte Raum für Sie gut sein sollte, weil er in einer für Sie günstigen Richtung liegt, so gibt es noch einiges zu bedenken:

Beispielsweise Überlandleitungen. Sie können unmöglich Ihr Bett auf die Seite des Hauses stellen, wo sich eine Überlandleitung ihn weniger als 300 Metern Entfernung von Ihnen befindet. Es gibt Versuche, die beweisen, dass sich die weißen Blutkörperchen unter dem Einfluss von Hochspannungsleitungen vermehren. Dass dies kein guter Zustand ist und uns dauerhaftem Stress aussetzt, ist sicher einleuchtend.

Sie können Ihr Bett aber auch unmöglich auf eine Wasserader, einen Gitternetzkreuzungspunkt oder Ähnliches stellen. Am besten suchen Sie sich einen Rutengänger Ihrer Wahl und Ihres Vertrauens und lassen ihn Ihren anvisierten Schlafplatz untersuchen. (Adressen finden Sie im Anhang.)

Wenn auch dies geklärt ist, sollten Sie sich überlegen: Was für einen Bodenbelag haben Sie im Raum? Synthetische Teppiche und/oder deren Kleber können Ihre Gesundheit beeinträchtigen, und es kann zu Lungenerkrankungen kommen, aber auch zu Allergien, entzündeten Augen und Juckreiz. Stattdessen sollten Sie auf löslichen Kleber und gesundheitlich unbedenklichen übergehen. Als Alternative bieten sich Schafschurwollteppiche an, insbesondere die mit Ziegenhaar.

Allgemeine Feng Shui-Richtlinien für die Schlafrichtung

Für jede Richtung kann man Aussagen treffen zur *Vitalität*, zum *langen Leben*, zur *harmonischen Bewältigung von Angelegenheiten* und zur *Unterstützung für Ihre Gesundheit*, sie hat auch allgemeine Aspekte. Wenn Sie Ihre Lebensgruppe gefunden haben und Ihre Richtungen feststehen, so lesen Sie noch einmal nach, was es zusätzlich mit den allgemeinen Richtungen auf sich hat, und kombinieren Sie beide Aussagen sinnvoll.

Ihr Kopf liegt nach Norden:

Es gibt viele Krankheiten, die auf eine zu geringe magnetische Polung im Körper zurückzuführen sind. Wollen Sie einen tiefen und ruhigen Schlaf, so kann diese Richtung helfen, insbesondere, wenn Sie 27 Nächte in dieser Richtung liegen. Wollen Sie beste Ergebnisse, so beginnen Sie mit dem ersten Tag nach Vollmond. Ein Mondzyklus dauert 28 Tage, und 27 Tage benötigt der Körper, um mit dem Mondzyklus seine Umstellung zu vollbringen. Am 28. Tag ist ein Zyklus vollendet, und die Wirkung wird sich zeigen.

Ihr Kopf liegt nach Nordosten:

Sie werden zur Ruhe finden durch die Richtung des Berges. Wer seine ehrgeizigen Pläne in die Tat umsetzen möchte, sollte einige Nächte in dieser Richtung schlafen, um die Verwirklichung seiner Visionen voranzutreiben.

Ihr Kopf liegt nach Osten:

Wenn Sie einen Chinesen fragen, wird er immer die Ostrichtung des Kopfes bevorzugen, da dies die Richtung der aufgehenden Sonne ist und von dort frische Energie kommt. Man sagt auch, dass dies eine gute Richtung für ältere Leute ist, da sie wie ein Jungbrunnen wirkt. Wenn man 27 Nächte in dieser Richtung liegt, wird man morgens besser aus den Federn kommen.

Ihr Kopf liegt nach Südosten:
Wenn Sie mit Finanzen zu tun haben, so ist dies eine günstige Richtung. Wollen Sie die Finanzen ordnen, kann auch eine vorübergehende Schlafrichtung nach Südosten hin hilfreich sein.

Ihr Kopf liegt nach Süden:
Dies ist eine gute Richtung für all diejenigen, die intellektuell gefordert sind, sich in Prüfungsvorbereitungen befinden oder Schriftsteller sind.

Ihr Kopf liegt nach Südwesten:
Dies ist die Richtung der großen Erde und der Partnerschaft. Wer das Partnerglück anziehen möchte, tut gut daran, in Richtung dieser Himmelsrichtung zu liegen.

Ihr Kopf liegt nach Westen:
Es ist die Richtung der Freude, der Kinder und der Kreativität. Wenn Sie in diese Richtung liegen, wird sich bald Kindersegen einstellen, und in späteren Jahren werden Sie Ruhe, Zufriedenheit und schöpferische Inspirationen finden.

Ihr Kopf liegt nach Nordwesten:
Dies ist die Richtung der hilfreichen Freunde, der Lehrer, des Vaters und der Beziehungen zu anderen. Wenn Sie in diese Richtung liegen, wird sich bald Hilfe einstellen, wenn Sie bereit sind zu geben. Überlegen Sie, wem Sie selbst etwas Gutes tun können, so werden Sie reichlich belohnt werden.

Die Richtungs-Formel
Es ist von besonderer Bedeutung, in welche Richtung Sie Ihr Bett stellen. Probieren Sie einmal aus, welche unterschiedlichen Wirkungen verschiedene

Schlafstätten von Couch, Gästebett oder eigenem Bett auf Sie haben. Sie werden nicht nur unterschiedliche Raumqualitäten feststellen, sondern auch andere Kopfrichtungen eingenommen und ausprobiert haben. Wie war das Gefühl? Wie erholt haben Sie sich gefühlt? Sicherlich kennen Sie den Unterschied auch von Ihren Reisen.

In manchen Fällen ist weder die Lage des Bettes noch der Raum geeignet. Sehen Sie sich daher nachfolgend die allgemeine Bedeutung der Himmelsrichtungen an, und lesen Sie im zweiten Schritt nach, ob Sie ein Ost- oder Westmensch sind und welche Ihre besten Richtungen sind.

Die einzelnen Elemente der Ming Kwa-Zahlen

Ming Kwa-Zahl	1	3	4	9	2	6	7	8
Element	Wasser	Holz	Holz	Feuer	Erde	Metall	Metall	Erde
Gruppe	O	O	O	O	W	W	W	W

O = Ost-Mensch   W = West-Mensch

Das Element Ihrer Richtung gibt Ihnen an, was Sie tun können, wenn Sie beispielsweise die Wand hinter Ihrem Betthaupt streichen möchten.

Sehen Sie sich den Kreislauf der Elemente an: Feuer fördert die Erde, diese das Metall. Das Metall gibt seine Energie an das Wasser weiter, und das Wasser nährt das Holz. Die Wand ist beispielsweise Rot für einen Erde-West-Menschen und Blau für einen Wasser-Ost-Menschen.

Merken Sie sich folgende Regel:

Die Ming Kwa-Zahl mit dem jeweiligen Element wird für die Bestimmung von Richtungen genutzt. Ist man in der »falschen« Richtung, so kann man mit der Farbe ausgleichen. Ein westliches Zimmer für östliche Personen wird so mit den Farben von Grün und Blau mit östlicher Energie versehen, während ein östlicher Raum für westliche Personen mit Farben wie Gelb und Orange mit einer westlichen Energie aufgeladen wird. Dies kann die Bettwäsche, die Wände, die Böden oder die Gardinen betreffen.

Die Farben der Elemente sind:

Ming Kwa 9/Süden – Feuer
Ihre Farben am Betthaupt sind: Rot, Grün

Ming Kwa 2/Südwesten – Erde
Ihre Farben am Betthaupt sind: Gelb, Orange, Beige, Apricot, gedämpfte Rottöne

Ming Kwa 7/Westen – Metall
Ihre Farben am Betthaupt sind: Weiß, Vanille, Eierschale, Gelbtöne

Ming Kwa 8/Nordwesten – Metall
Ihre Farben am Betthaupt sind: Weiß, Vanille, Eierschale, Gelbtöne

Ming Kwa 1/Norden – Wasser
Ihre Farben am Betthaupt sind: Blau, Weiß

Ming Kwa 8/Nordosten – Erde
Ihre Farben am Betthaupt sind: Gelb, Orange, Beige, Apricot, gedämpfte Rottöne

Ming Kwa 3/Osten – Holz
Ihre Farben am Betthaupt sind: Grün, Blau

Ming Kwa 4/Südosten – Holz
Ihre Farben am Betthaupt sind: Grün, Blau

Schauen Sie nach Ihrer Ming Kwa-Zahl, und entnehmen Sie ihr das Element und die Farben, die Sie unterstützen. Wenn für Ihren Partner andere Bereiche gelten sollten, dann empfiehlt es sich, einen Feng Shui-Berater zu konsultieren. Gerade in puncto Wandgestaltung empfiehlt sich eine Firma, die auf eine Feng Shui-Zusammenarbeit spezialisiert ist.

Ihre persönliche Richtung zur Erhaltung und Wiederherstellung der Gesundheit

Die für Sie beste Kopfausrichtung erfolgt in eine der nachfolgenden Himmelsrichtungen:

Ming Kwa-Zahl 1	Osten
Ming Kwa-Zahl 2	Westen
Ming Kwa-Zahl 3	Norden
Ming Kwa-Zahl 4	Süden
Ming Kwa-Zahl 6	Nordosten
Ming Kwa-Zahl 7	Südwesten
Ming Kwa-Zahl 8	Nordwesten
Ming Kwa-Zahl 9	Südosten

Ihre beste Richtung für ein Schlafzimmer und die Richtung des Kopfendes – für Langlebigkeit, Familienharmonie und ein gutes Einkommen

Ming Kwa-Zahl 1	Süden
Ming Kwa-Zahl 2	Nordwesten
Ming Kwa-Zahl 3	Südosten
Ming Kwa-Zahl 4	Osten
Ming Kwa-Zahl 6	Südwesten
Ming Kwa-Zahl 7	Nordosten
Ming Kwa-Zahl 8	Westen
Ming Kwa-Zahl 9	Norden

Weitere Betrachtungen des Schlafzimmers aus Feng Shui-Sicht

Will man der Firma Ökotest Glauben schenken, so sind nicht alle, aber doch einige Laminat-Böden katastrophal. Also nichts wie raus damit!

Wenn eine Wohnung gemietet wird, wird es in diesem Punkt sicherlich Diskussionen mit dem Vermieter geben. Aber hier können wir eine Zwischenlösung kreieren: Legen Sie einen Schurwollteppich großflächig aus, und die Atmosphäre verbessert sich im Nu!

Wer erst einmal zu Boden geschaut hat, wird so schnell den Blick nicht zur Decke heben wollen. Aber gerade da haben wir die Einflüsse des »Himmels«.

173

Hier gilt: Balken über dem Bett können jede Menge Störungen bewirken, nicht nur körperlich, sondern auch seelisch!

Ich war zu Besuch bei einem jungen Pärchen eingeladen, die ein dunkles, ungleichschenkliges Balkenkreuz über dem Bett hatten, mit einem freien Blick zum Dachfirst. Ich sah die Gefahr für die Gesundheit und die Beziehung und erwähnte dies. Ich sagte, es sei besser, die Decke zu schließen oder einen Baldachin anzubringen. Beide lachten jedoch nur, denn sie fanden die frei gelegten Balken so schön. Nun ja, ich hatte zumindest gesagt, was sie dagegen hätten unternehmen können ...

Ein halbes Jahr später war die Katastrophe perfekt: Sie war zur Kur gefahren und hatte sich dort verliebt. Nach der Beendigung ihres Kuraufenthaltes war sie ausgezogen, ihr Mann war daraufhin dem Alkohol verfallen, schließlich verlor er sogar noch seine Arbeit und später Haus und Hof.

Also, liebe Leser! Schauen Sie genau hin, erkennen Sie die Problemstellen und verändern Sie diese. Die Feng Shui-Grundsätze sind wesentlich und wirken, auch wenn Sie nicht daran glauben– aber mit Glauben hat Feng Shui ja ohnehin wenig zu tun ...

Nun, wenn Sie weder unter einem Gebälk noch auf einer Wasserader schlafen, wenn Sie in einem Bett liegen, das in dem für Sie besten Raum steht, wenn Sie mit dem Kopf in die günstigste Richtung liegen, kann es trotz allem noch einige Punkte geben, die Sie beachten sollten:

- ⊙ Schlafen Sie nie zwischen Tür und Fenster!
- ⊙ Schlafen Sie nie mit dem Kopfende des Bettes unter einem Fenster!
- ⊙ Schlafen Sie nicht mit dem Kopf an der Wand, wenn dahinter die Toilette steht!
- ⊙ Schlafen Sie nie über einer Garage!
- ⊙ Schlafen Sie nicht über einem Öltank!

Natürlich gibt es noch einiges mehr zu bedenken, aber die vorgenannten Punkte sind besonders wichtig, um die richtige Entscheidung für den Schlafbereich zu treffen.

Denken Sie daran: Ist der Schlafbereich perfekt gewählt, dann ergibt sich daraus die weitere Raumaufteilung. Wenn Sie nur ein Appartement besitzen oder nur einen einzigen Raum, so gilt auch hier: Wählen Sie zunächst die für Sie beste Stelle zum Schlafen aus, und richten Sie die restlichen Raumflächen nach dem Licht, dem Lauf der Sonne, Ihren persönlichen Geburtsdaten und dem Prinzip von Yin und Yang ein. Auf Letzteres gehe ich noch ein.

Die Wände

Wenden Sie sich bei der Betrachtung der Räume nun auch den Wänden zu. In welcher Verfassung sind sie? Tapeten oder Putz? Wurde ökologisch gebaut?

Tapeten der Vormieter oder Vorbesitzer sind nicht unbedingt als günstig zu bezeichnen, denn sie haben die Energien der Bewohner vor Ihnen aufgenommen. Nur ein Anstrich ist daher meist fehl am Platz. Also runter damit, und wenn Sie neue Tapeten wollen, dann Papiertapeten, gesunden Kleber – und los geht's!

Kristalle

Stellen Sie einen Bergkristall in den Südwesten. Er symbolisiert die Erde und damit die Stabilität in der Partnerschaft.

Früchte

Der Granatapfel ist ein Symbol der Fruchtbarkeit und in den Schlafzimmern immer gern gesehen.

Partnerschaftsaltar und wichtige Hinweise

Am besten platziert ist solch ein Altar in südwestlicher Richtung, der Richtung der Partnerschaft. Hier sollte sich eine Kommode, ein Tisch oder eine Konsole mit paarigen Gegenständen, z. B. zwei Kerzen, zwei Herzen und Bilder von Ihnen selbst als Paar, befinden. (Die Hochzeitsbilder gehören allerdings nicht ins Schlafzimmer, stellen Sie diese ins Wohnzimmer.) Auch ein Entenpaar, das sich anschaut, kann hier dienlich sein.

Sollte im Südwesten kein Platz für Ihren »Partnerschaftsaltar« sein, so wird sich ein anderer Ort innerhalb des Raumes dafür finden. Verzichten sollten Sie aber auf diesen Platz nicht, denn er drückt Ihre Liebe zueinander aus.

Die Räucherung »Kadesha« für das Liebesglück wirkt wohltuend. Räuchern Sie sonntags oder zu Vollmondzeiten, aber immer früh am Abend. Beispielsweise beginnen Sie um 18 Uhr und lassen dann die Essenz für zwei Stunden den Raum durchwirken; anschließend lüften Sie. Wenn Sie ins Bett gehen, ist der Duft dann noch leicht, unterschwellig präsent und weckt Gefühle der Harmonie und Liebe zueinander.

Sie sollten sich im Schlafzimmer nie streiten, schon gar nicht nach Mitternacht. Sollte dies dennoch einmal geschehen sein, so wird auch hier die oben beschriebene Räucherung harmonisierend wirken. Wechseln Sie vorher zusätzlich die Bettwäsche, und binden Sie ein rotes Band, das Sie beide miteinander verbinden soll, um die Matratzen. Bei getrennten Matratzen sollten Sie zudem immer ein durchgehendes Spann-Bettlaken auflegen, was ebenfalls eine Verbindung zwischen Ihnen und Ihrem Partner bewirkt.

Verbundene Matratzen und auch solche in Feng Shui-Maßen, die urgesund sind, erhalten Sie über die Bezugsquellen im Anhang. Kautschuk-Matratzen sind gut, aber nicht gerade die körperliche Liebe fördernd, da man zu stark in ihnen einsackt und sie ihren Körper beim Geschlechtsakt nur schwer hoch bekommen. So, das musste einmal gesagt werden, denn meine Klienten erzählten mir dies immer nur unter vorgehaltener Hand ...

Farben, Poster und rotes Licht

Während der ersten zehn Ehejahre sind die Farben Rot oder Rosa empfehlenswert, da damit die Energie der Leidenschaft geschürt wird.

Sollte die Liebe erkaltet sein, dann bringen Sie mehr Romantik ins Schlafzimmer, und schaffen Sie eine »Kamasutra-Atmosphäre«! Stellen Sie dazu ein rotes Licht auf, und hängen Sie reizvolle Bilder von sich und Ihrem Partner auf. Allerdings sollten Sie es nicht so machen wie ein Paar, das getrennte Schlafzimmer hatte: Sie hatte das Poster eines Mannes aus der »Davidoff-Parfüm-Werbung« am Kopfende ihres Bettes hängen, während er unter einer dunklen Schönheit schlief. Also, hier verhielt es sich genauso, wie Sie sich sicherlich schon denken können: Jeder hatte einen anderen Partner im Kopf, denn weder entsprach sie, eine blonde Frau, dem mokkabraunen Modell, noch war er so schlank und durchtrainiert wie der Mann auf dem Werbeposter ...

Bettdecken

Die Farbe der Bettdecke richtet sich nach Ihrem eigenen Jahres-Element; sollten Sie keinen Bezug in dieser Farbe haben, so gehen Sie nach Ihrem Ming Kwa-Element. Weiß eignet sich im Allgemeinen immer für die Bettdecken. Allerdings sollten Sie Blau vermeiden, da dies die Libido einschränkt.

Beispiel: Sie sind in einem Jahr des Feuers geboren, mögen aber keine rote oder roséfarbene Bettwäsche. Ihr Ming Kwa-Element ist dagegen Erde, was bedeutet, dass Sie die Farben aus dem Gelb-, Orange- und Eierschalenbereich unterstützen. Wählen Sie also einfach eine dieser Farben für sich aus.

Sollte Ihr Jahreselement das Wasser und damit Blau die Grundlage für Ihre Bettwäsche sein, Sie selbst aber noch das Ming Kwa-Element Erde in sich haben, so stellt Metall, das Erde und Wasser verbindet, in Form weißer Bettwäsche ein günstiges Feng Shui dar.

Ein anderes Beispiel: Sie selbst sind in einem Jahr des Feuers geboren, Ihr Partner aber in einem Jahr des Wassers. Dann verbindet Sie beide das Element Holz, so dass eine grüne Bettwäsche die Vermittlung und Harmonisierung Ihrer beider Elemente bewirkt.

Sind Ihre beiden Ming Kwa-Zahlen jedoch 2 und 8, und Sie gehören der westlichen Lebensgruppe an und haben Ihr Schlafzimmer im Südwesten Ihrer Wohnung, dem Erdbereich, dann wählen Sie gelbe oder orangene Bettwäsche für Sie beide.

Schlafen Sie beide in einem östlichen Raum, der für Sie als West-Personen ungünstig ist, so sollten Sie auch die Farben aus Ihrer westlichen Himmelsrichtung wählen: Gelb, Eierschale und punktuell Rot, um das verlorene Glück wieder einzufangen.

Das Jahres-Element zeigt an, welche Farben und Formen Sie im Umkreis von zwei Metern um sich haben sollten. Dies kann im Schlafzimmer insbesondere die Bettwäsche betreffen.

Vermeiden Sie:

Bettdecken mit abstrakten Motiven, insbesondere mit Raubtieren, denn sie führen zu einem unruhigen Schlaf. Auch Dreiecksmuster und Muster mit Spitzen sind eher ungünstig, denn sie gehören zum Element Feuer und fördern die Streitlust.

Für mehr Ruhe und Harmonie sollten Sie einfarbige Bettwäsche und dunklere Farben, die das Yin symbolisieren und damit den Schlaf fördern, bevorzugen.

Licht

Wenn Sie eine kleine Salzkristalllampe oder ein rotes Licht aufstellen, so werden Leidenschaft und Fruchtbarkeit geweckt.

Kleine Lämpchen und eine extra Beleuchtung für den Schrank sollten Sie sich im Dreieck angeordnet vorstellen.

Schalter

Geräte mit Trafos beziehen ständig Strom, auch im ausgeschalteten Zustand. Vermeiden Sie den Stand-by-Modus. Trennen Sie Radiorecorder, Kassettengeräte, Halogentischleuchten, Stereoanlagen oder Videorecorder vom Netz, um unnötige Elektrosmogbelastung zu vermeiden.

Netzfreischalter

Kinder- und Schlafzimmer sollten mit Netzfreischaltern ausgestattet werden. Fragen Sie hierzu Ihren Elektriker.

DECT-Telefone

Ich rate vom Einbau dieser Anlagen ab. Sobald der Trafo eingesteckt ist, senden die Geräte – unabhängig von der Nutzung – bis zu 200 Meter weit, auch wenn das Handgerät zum Aufladen in die Basisstation gesteckt wird. DECT-Telefone senden dabei digital mit einer Frequenz bis zu 100 Herz.

Die Symptome, die hierdurch entstehen können sind:

- Schlafstörungen
- Kopfschmerzen
- nächtliches Schwitzen
- Bluthochdruck

⊙ Herzrhythmusstörungen

⊙ Beeinträchtigung des Hormonsystems

⊙ Ohrgeräusche/Tinnitus

⊙ Schwindel

⊙ Schwächung des Immunsystems

⊙ Verhaltensstörungen bei Kindern wie »Schrei-Babys«,

⊙ Lernschwierigkeiten

⊙ Erschöpfungszustände

⊙ Reizbarkeit

Vermeidbarer Elektrosmog:

⊙ offene Steckdosen (Maßnahme: Netzfreischalter)

⊙ elektrische Geräte wie Radiowecker, elektrisch verstellbare Betten, Heizdecken

⊙ Kabel unter dem Bett; sie können zu Nervosität, Abgeschlagenheit und einer Schwächung des Immunsystems führen. Lassen Sie lieber eine neue Leitung legen.

⊙ Nicht weniger empfindlich reagiert Ihr Körper, wenn sich eine Satellitenschüssel an der Außenwand des Schlafzimmers befindet. Dies kann zu Störungen des Nervensystems führen. Am besten überprüfen Sie deren Erdung oder verlegen Ihr Bett in einen anderen Raum.

Entdecken Sie Konfliktpotenziale in Ihrem Schlafzimmer

Vermeiden Sie es, eine geteilte Matratze zu haben, denn sie symbolisiert einen Riss zwischen dem Paar. Lässt sich dies nicht vermeiden, so führen Sie ein rotes Band um die Matratzen, und knoten Sie es in der Mitte des Fußendes zusammen.

Positiver sehen die Chinesen hingegen zwei getrennte Schlafzimmer, wobei bei unterschiedlichen Partnern auch die jeweilige Himmelsrichtung sehr gut eingenommen werden kann.

179

Balken über dem Bett können nicht nur Ihrer Gesundheit abträglich sein, sondern auch das Paar trennen, wenn sie genau zwischen Ihnen verlaufen. Am besten spannen Sie einen Stoff darunter oder hängen ein Moskitonetz aus Baumwolle oder einen Baldachin auf.

Es ist ungünstig zwischen zwei Türen zu schlafen, die das Glück zerschneiden. In diesem Fall kann man einen Paravent vor eine dieser Türen stellen.

Was Sie vermeiden sollten:

- Das Bild eines Sees, denn es könnte zu schlaflosen Nächten und Missverständnissen führen.
- Wasser und Pflanzen, um Ihrer Gesundheit nicht zu schaden.
- Fenster über dem Kopf, denn sie könnten zu Unlust und so genannten »Winderkrankungen« führen.
- Balken über dem Bett, da sie zu körperlichen Schmerzen in dem Bereich führen können, über den der Balken läuft.
- Betten unter einer niedrigen Schräge, denn dies kann zu Abgeschlagenheit und Müdigkeit führen.
- Spiegel am Fußende des Bettes, da sie die Ursache für einen unruhigen Schlaf sein können.
- Bilder am Fußende, die Sie böse anstarren.
- Lampen über dem Bett, sie können Kopfschmerzen hervorrufen.
- Mit den Füßen zur Tür zu liegen, denn dies erhöht die Erkrankungsanfälligkeit.
- Fenster über dem Kopf, sie stören die Ruhe des Schläfers.
- Balken über dem Bett, denn sie drücken das Chi der darunterliegenden Personen.
- Das Kopfende des Bettes an der Wand zur Toilette des Bades, da dies die Disposition zu Krankheiten erhöhen kann.
- Kakteen und große Pflanzen, sie gehören nicht ins Schlafzimmer!
- Schreibtisch oder Computer, denn sie lassen Sie immer nur an Arbeit denken.
- Viele Bücher, sie können die Libido behindern.

⊙ Garage/Gerümpel/Lagerraum/schlecht durchlüfteter Raum über oder unter dem Schlafzimmer, all dies stört das Chi des Schläfers.

⊙ Metalle, PVC und alle nicht natürlichen Materialien, sie können die Gesundheit stören.

⊙ Gegenstände, die dem Partner nicht gefallen, denn sie können zu Streit führen.

⊙ Tierfelle, Geweihe von verstorbenen oder erjagten Tieren, sie können im Schlafzimmer das Glück und die Beziehung nachhaltig stören.

⊙ Ein Buddhabild, die Statue eines Buddhas oder andere religiöse Figuren am Fußende des Bettes schaffen keine der Liebe zuträgliche Atmosphäre.

⊙ Bettkästen, vollgestopft mit alten Dingen oder Büchern, denn sie stellen Belastungen für den Schläfer dar, denen er sich nicht gewachsen fühlen könnte.

⊙ Bettüberbauten, denn sie können zu Kopfschmerzen führen.

Feng Shui für die Liebe

Nehmen Sie Pfingstrosen-Seidenblüten, oder hängen Sie ein Bild mit Pfingstrosen in den ersten zehn Jahren Ihrer Ehe in Ihrem Schlafzimmer auf. Ihr Liebesleben wird dadurch romantischer und zärtlicher. Auch Single-Frauen werden ihr Liebesleben auf diese Weise begünstigen.

Feng Shui für kinderlose Paare

Ein Baum vor dem Eingang kann mit dafür verantwortlich sein, dass Ihr Kinderwunsch bislang unerfüllt blieb. Daneben sollten Sie zunächst untersuchen, ob etwas Spitzes, Scharfkantiges oder Bedrohliches auf Ihre Tür oder Ihr Bett weist. Natürlich können Sie auch umziehen!

Hängen Sie Bilder auf, auf denen Kinder zu sehen sind.

火土金水木

13.
Die verschiedenen Holzarten
für Ihre Räume

Kinderzimmer
Buche nimmt Strenge, gibt Ordnung.
Esche schenkt Schutz und Geborgenheit.
Birke bringt Kreativität.

Büro
Birke schafft Klarheit.
Bergahorn ist für den Tisch geeignet.
Fichte und Tanne sind ideal für die Bestuhlung.
Esche gibt Flexibilität.
Buche bringt Ordnung.

Esszimmer
Esche für den Boden
Apfel für die Möbel

Musikzimmer
Birne für Accessoires
Bergahorn wirkt entspannend und lässt einen Abstand zum Alltag gewinnen.

Eingang

Tanne und Lärche für den Westeingang geeignet.

Eiche für den Nordeingang, wirkt beschützend.

Lärche für den Osteingang, schafft Offenheit.

Esche für den Südeingang, nimmt Strenge und wirkt Schutz gebend.

Holz

Holz sollte Verwendung im Bau, als Boden oder in den Möbeln finden, da es der Natur des Menschen am meisten entspricht.

Darüber hinaus finden Sie in dem Buch »Qi-Gardens« auch Ihr persönliches Holz, das Sie ebenfalls in Ihr Umfeld einbringen können, als Handschmeichler, als Schüssel und Schale oder in Form von anderen Accessoires, für Wandvertäfelungen und als Fußbodenbelag.

Verlegerichtung von Holzböden

Ist der Raum lang, so betonen Sie nicht die Länge, sondern schaffen einen Yin-Yang-Ausgleich durch Querverlegung. Ist der Raum breiter als lang, so wählen Sie eine Verlegung in Längsrichtung.

(Eine Adresse für einen Möbel- und Innenausbau-Spezialisten finden Sie im Anhang.)

14.
Wie schafft man eine Balance von Yin und Yang?

Yin und Yang sind wie ein Plus- und Minuspol. Beide bedingen einander, so wie die Nacht dem Tag folgt oder der Frühling dem Winter. Ein Raum, der beispielsweise nur in Yang-Farben gekleidet wäre, wie in Rot, würde zu Aggressionen und Streitsucht führen.

Diesen Fall traf ich bei einer meiner Konsultationen in Düsseldorf an. Die Villenbesitzerin hatte sich aufgrund von Halbwissen nach ihrem Element »Feuer« nur noch in Rot eingerichtet und seitdem jede Menge Ärger und Gerichtsprozesse in ihr Leben gezogen. Ein halbes Jahr nach meiner Beratung haben sich ihre Probleme wieder gelöst.

Yin und Yang im Überblick

Yin	Yang
weiblich	männlich
Nachmittag	Vormittag
Winter	Sommer
Metall	Holz
Silber	Gold
tief	hoch
weich	hart

Yin und Yang im Überblick

Yin	Yang
kalt	warm
dunkel	hell
Nacht	Tag
Mond	Sonne
Sonnenuntergang	Sonnenaufgang
Schatten	Licht
waagerecht	senkrecht

Yin und Yang im Haus

Yin	Yang
Dunkelheit	Helligkeit
Feuchtigkeit	Trockenheit
Kühle	Wärme
Fenster	Tür
klein gemustert	längsgestreift/große Muster
blau/Pastellfarben	rot/orange/kräftige Farben
Kühlschrank	Herd
Sessel/Sofa	Arbeitsmöbel
Fußboden	Zimmerdecke
Teppichboden	glänzende Marmorböden
Tischlampe	Deckenleuchte
Polstermöbel	Holzbänke- und Stühle

So erkennen Sie übermäßiges Yang im Haus

Gefühl:

Im positiven Sinne geben diese Räume einem das Gefühl der Freiheit.
Im negativen Sinne fühlt man sich in diesen Räumen ruhelos und ist immer auf Achse.

Optisch:

- ⊙ weiße oder rote und grelle Farbanstriche
- ⊙ viele Glasflächen und Offenheit, helle Räume

- große Fenster und viele Türen, viel Sonneneinstrahlung
- helle Beleuchtung (Deckenbeleuchtung)
- hohe Räume
- offene Treppenhäuser zum Wohnbereich hin
- glatte Oberflächen

So erkennen Sie übermäßiges Yin im Haus

Gefühl:

Im positiven Sinne wirkt es behaglich, schützend und warm.
Bei übermäßigem Gebrauch wirkt es drückend und kann tiefe Traurigkeit, Antriebsarmut, Depressionen sowie Lethargie bewirken.

Optisch:

- Farben: dunkel, braun, grau, schwarz
- kleine Fenster
- wenig Licht
- dicke Teppiche
- niedrige Decken
- schwere, dunkle Balken
- ungenügende Beleuchtung
- Räume im Hinterhof und Souterrain

Ihre Einrichtung nach Yin und Yang

Der Boden

Der Boden, Yin, sollte immer dunkler sein als die Decke, denn dies vermittelt ein Gefühl der Stabilität. Die Familie hat somit eine solide Basis.
Ist der Boden zu hell, können Sie einen dunkleren Teppich darauflegen.

Die Decke

Ist die Decke, Yang, die den Himmel symbolisiert, zu dunkel, so können Sie sie heller streichen. Nur in einem sehr hohen Raum sind dunklere Decken günstig, um die Höhe zu nehmen; doch selbst hier muss die Decke heller sein als der Boden.

Dunkle Decken können auch mit einem hellen Baldachin oder einer hellen Stoffbahn überspielt werden. In manchen Fällen genügt auch eine Stehlampe, die die Decke anleuchtet, um mehr Yang zu schaffen.

Hohe Möbel

Hohe Möbel sind Yang und stellen einen Berg dar. Sie sollten niemals auf der Blickseite des Raumes stehen, wo Sie in die Ferne und nach außen schauen, sondern sie gehören auf die Rückseite und sollten gegenüber von den großen Fensteröffnungen oder seitlich davon platziert werden.

Niedrige Möbel

Niedrige Möbel stellen das Yin dar und möchten gegenüber von hohen Möbeln und auf der Sichtseite des Raumes, dort, wo die Fenster sind, platziert werden.

Zu viel Sonne im Raum

Zu viel Sonne im Raum ist Yang-Energie, der Sie mit kühlen Farben und glatten Stoffen begegnen können. In erster Linie aber benötigen Sie einen Sonnenschutz. Stellen Sie dabei sicher, dass die Stoffe weich sind, beispielsweise gerade, schmucklose Rollos oder weich fallende Übergardinen. Gefütterte Stoffe sind in der westlichen Himmelsrichtung empfehlenswert.

Stellen Sie Pflanzen auf die Fensterbank, und hängen Sie Kristalle ins Fenster: Dies hält die Aufmerksamkeit und damit das Chi im Raum – und hat noch einen schönen Nebeneffekt.

Zu wenig Sonne im Raum

Wenn Sie zu wenig Sonne, Yin, im Raum haben, so benötigen Sie, neben sonnigen Tönen von Gelb und Orange (Yang-Farben) schönes Licht und helle Nuancen.

Die Beleuchtung

Die Yin-Beleuchtung

Tischlampen und Stehlampen mit einem Leselicht und gedämpften Lampenschirmen gehören zum Yin; sie schaffen eine gemütliche und behagliche Atmosphäre. Sie sollten sie in einem gedachten Dreieckssystem im Raum aufstellen. Zudem sind Spots in den großen Pflanzen und Bilderleuchten vorteilhaft für eine behagliche Atmosphäre.

Die Yang-Beleuchtung

Deckenleuchten, auch Kristalllüster und Stehlampen mit hellen Lampenschirmen und der Beleuchtung zur Decke hin sind Yang; sie geben dem Raum eine lichte und strahlende Atmosphäre, die sich für Feste gut eignet, weniger aber zum gemütlichen Beisammensein. Lediglich die Lampe über dem Esstisch ist diesem Prinzip nicht abträglich.

Kristalllüster in der Raummitte oder im Eingang (dort benötigt man Yang-Licht) bringen jede Menge gute Energien mit sich.

Die Farben

Zu kühlen Farben, Yin, sollten Sie auch warme Farben kombinieren. Beachten Sie hierbei natürlich auch den Zyklus der Elemente: Weiß kann mit Gelb, Blau mit Apricot und Grün mit der warmen Farbpalette kombiniert werden. Grün geht zudem eine wundervolle Paarung mit Rot ein.

Die Oberflächen

Yin-Oberflächen sind flauschig, weich und geschwungen, während Yang-Oberflächen glänzend und hart sind. So passen zu glänzenden Oberflächen in der Küche Holz- und Korbobjekte, um einen Ausgleich zu schaffen.

Fühlen Sie doch einfach einmal in Ihre Räume hinein! Wenn Sie ein Zuviel an glatten Flächen haben, so können Kissen, Decken, Teppiche und Bilder an der Wand mit einer rauen Struktur das Gleichgewicht zwischen Yin und Yang herstellen. Verwenden Sie folgende Kombinationen:

- ⊙ weich und hart
- ⊙ glänzend und rau
- ⊙ kühl und warm

Dies gewährleistet, dass die weiblichen und männlichen Familienmitglieder in Harmonie miteinander leben.

Der Formausgleich

Zu rechteckigen Formen gehören runde Formen. Auf einen runden Teppich können Sie demnach beispielsweise einen quadratischen Tisch stellen – und umgekehrt gehört auf einen quadratischen Teppich ein runder Tisch. Auf einer rechteckigen Tischplatte wirkt dagegen eine runde Schale harmonisierend.

Genauso verfahren Sie bei hohen und niedrigen Elementen: Eine hohe Schrankform im Raum benötigt beispielsweise auch einen niedrigeren Schrank, wie ein Sideboard, zum Ausgleich von Yin und Yang. Dies bringt Harmonie in den Raum.

Balance im Raum

Stellen Sie sich eine Waage vor: Belasten Sie den einen Teil der Waage übermäßig, so geht das Gleichgewicht verloren. Ist demnach eine Seite des Raumes mit viel zu vielen Gegenständen und Möbeln bestückt, die andere allerdings nicht, so würde es kein Gleichgewicht im Raum geben, keine Harmonie. Sie würden sich ständig unwohl fühlen. Stellen Sie daher sicher, dass die Balance im Raum gewahrt bleibt.

Bei der Begehung des Schlosses Aschbach bei Nürnberg erzählte mir die Tochter der Schlossinhaberin, dass sie immer unglücklich über ihre Einrichtung sei und ständig alles verändere. Sie hatte schlicht das Prinzip von Yin und Yang nicht berücksichtigt, was ihr die Probleme eingebracht hatte.

Berücksichtigen Sie das Gleichgewicht eines Raumes,
so werden Sie sich viel wohler in Ihren eigenen vier Wänden fühlen.

Weiterführende und aktuelle Informationen zum Thema finden Sie unter:
www.silberschnur.de/bonus/fengshuiauf68qm

Danksagung

Ich danke an dieser Stelle ganz herzlich dem Verlag, namentlich Herrn Stefan und Herrn Manfred Huber, die mich dazu ermunterten, das Buch zu schreiben und es nicht müde sind, an mich als Autorin und an Feng Shui zu glauben sowie viel Zeit, Mühe und Geld in dieses Projekt investiert haben.

Auch danke ich für die Tage und Nächte, die Harald Prause investierte, um das Buch Korrektur zu lesen und mich mit seinen Fragen anregte, die Sicht des Lesers einzunehmen und ihm einen verständlichen Text zu präsentieren.

Mein Dank geht daneben an seinen Bruder, den Anwalt Ralf Prause, der ebenfalls Korrektur las und mir half, die Dinge aus einer neuen Perspektive zu betrachten. Beiden meinen herzlichen Dank!

Ich danke meinem Mann für seine Unterstützung, dass er mir während der Buchschreibphase den Rücken freigehalten hat.

Ich danke Ihnen, liebe Leser, die dieses Buch gekauft haben, die an die wunderbare Kraft von Feng Shui glauben und die die Ratschläge in die Tat umsetzen wollen. Ich kann sie nur dazu ermuntern, dies zu tun, um die wohlwollenden Kräfte selbst zu spüren sowie um mehr Gesundheit, Harmonie und Lebensglück in Ihr Umfeld zu bringen.

火土金水木

Über die Autorin

Olivia Moogk hat nach ihrer Ausbildung zur Physiotherapeutin in China Traditionelle Chinesische Medizin und Feng Shui studiert. Seit dieser Zeit unternahm sie Studienreisen zu Meistern des Feng Shui wie Prof. Wang und Prof. Dr. Cheng, nach Hongkong zu Raymond Lo, zu dem australischen Architekten Howord Choy und zu Großmeister Yap Cheng Hai in England.

Die Autorin widmet sich seit vielen Jahren dem Studium der östlichen Philosophie und der Traditionellen Chinesischen Medizin, bildet fundiert auf diesem Gebiet aus und berät Privat- und Business-Klienten hinsichtlich ihrer Häuser und Firmen (u. a. Edeka, Beiersdorf, Axel Springer Verlag, Lilly, Wella, Welonda oder AMC Deutschland).

Sie ist Mitbegründerin der »International Feng Shui Association« mit Sitz in China unter Leitung von Prof. Wang und zudem ein gern gesehener Gast bei zahlreichen Rundfunk- und Fernsehsendern, wo sie in Talkrunden ihr Wissen weitergibt.

»Die größten Menschen sind jene, die anderen Hoffnung geben können.«
Jean Jaures

火土金水木

Notizen

火土金水木

Notizen

火土金水木

Notizen

火土金水木

Notizen

Anhang
Bezugsadressen/Kooperationspartner

Feng Shui-Beratungen für Wohnungen, Häuser und Gewerbe im In- und Ausland
Feng Shui-Ausbildung und Meisterklassen nach altchinesischem Vorbild »Intensiv-Learning-Study Groups«, Kristalle, Spiegel, Düfte, Räucherungen, Klangspiele, Bücher u. a.

Internationales Feng Shui-Institut Moogk
Olivia Moogk
Breslauerstraße 2B
65307 Bad Schwalbach
Tel. 0 61 24 - 72 53 80/-1
Fax. 0 61 24 - 72 53 82
E-Mail: fengshuimoogk@fengshuimoogk.de
www.fengshuimoogk.de

Farben für die Seele und Farbplatten nach den fünf Elementen für Ihre Treppenaufgänge und Räume – für mehr Energie im Leben! »Wände mit Charakter«

Gröninger GmbH – Ein Partner der cotec
Wolfgang Dietzel
Riegelsgasse 7
63694 Limeshain-Hainchen
Tel. 0 60 48 - 95 06 16
Fax. 0 60 48 - 95 06 17
E-Mail: Dietzel@edler-raum.de
www.groeninger-gmbh.de

Untersuchung Ihrer Räume auf Störzonen, Hilfe für den Körper, insbesondere für Wirbelsäule und Gelenke

Heilpraktiker und Geopathologe
Franz Dieter Krost
Bahnhofstraße 24
55278 Selzen
Tel. 0 67 37 - 80 96 90
Fax. 0 67 37 - 80 96 94
www.krost-heilpraktiker.de

Feng Shui-Accessoires wie rote Türbänder,
kostbare Raumdüfte, Räucherungen,
Reichtumsgefäße, Reichtumsschalen,
Geldmünzen, Feng Shui-Bilder,
Geldfrösche u.v.a.

Mo-concepts GmbH & Co KG
Bahnhofstraße 1
55271 Stadecken-Elsheim
Tel. 0 61 36 - 9 22 21 07
Fax 0 61 36 - 7 56 29 29
www.mo-concepts.de

Möbel- und Innenausbau – Meisterliches
Handwerk

Burkhard Weisbecker
Am Flurgraben 15
65462 Ginsheim-Gustavsburg
Tel. 0 61 34 - 5 16 61
Fax. 0 61 34 - 5 10 81
E-Mail: info@weisbecker.de
www.weisbecker.de

Skulpturen und Objekte aus Künstlerhand
aus Holz, Speckstein und Bronze nach den
fünf Elementen und Tierkreiszeichen

Elke Paleit
Hainstraße 4
57319 Bad-Berleburg
Tel. 0 27 51 - 5 32 19
E-Mail: elkepaleit@hotmail.com

Wandmalereien, erfüllt mit Herz und Seele
und in Abstimmung mit Ihren Feng Shui-
Vorgaben für den Innen- und Außenbereich

Der Wandelmaler
Alfred J. Opiolka
Memmingerstr. 45
87435 Kempten im Allgäu
Tel. 0 81 31 - 9 45 32
E-Mail: info@wandelmaler.de
www.wandelmaler.de

Achteckspiegel in Feng Shui-Maßen,
beleuchtete Feng Shui-Säulen für Brunnen,
Verglasungen, Spiegel, Glasrückwände für
Küchenzeilen

Glaserei Rainer Schmitt
Erich-Kästner-Str. 3
65232 Taunusstein
Tel. 0 61 28 - 93 54 06
Fax. 0 61 28 - 93 54 08
Mail: info@glaserei-schmitt.de
www.glaserei-schmitt.de

Entstörung von Räumen mit dem Geosafe-
System/frequenzangepasste Strahlungsneu-
tralisation

Internationales Institut für Geo-Baubiologie
Dieter Schäfer
Lensbachstraße 40 & 47
52159 Rott b. Aachen
Tel. 0 24 71 - 92 14 21
Fax. 0 24 71 - 92 14 22
www.geobaubiologie.de

Schlafen auf Natur-Matratzen der
besonderen Art, auch Feng Shui-Maße
möglich!

Natur-Mensch-Schlaf
Firma Recitel Schlafkomfort GmbH
Sembella
Schlaraffiastraße 1-10
44867 Bochum
Tel. 0 23 27 - 3 25 0
Fax. 0 23 27 - 2 77

Feng Shui-Brunnen

Keramikatelier Beha
Fohrenbergstr. 1
79219 Staufen
Tel. 07633-981303
Fax 07633-981307
E-Mail: info@keramikatelier-beha.de
www.keramikatelier-beha.de

Olivia Moogk
Feng Shui & Naturmedizin
8 Faktoren für Ihre Gesundheit

Das Buch zu einem neuen Gesundheitsverständnis! Hilfe können Sie erwarten: für das Herz-Kreislauf- und Gefäßsystem, für Kopf und Gelenke, den Menstruationszyklus oder einen besseren Schlaf. Die Autorin zeigt auf, wie man mit Qi umgeht, Stress abbaut, das Immunsystem stärkt, geistigen und körperlichen Ballast abwirft, Krankheiten heilt, die Regeneration fördert und schließlich ein »Better-Aging« betreibt. Die Methoden hierzu kommen gleichermaßen aus dem Bereich des Feng Shui wie aus der Naturmedizin selbst. Schritt für Schritt wird der Leser neue Möglichkeiten entdecken, sich eines besseren und gesünderen Lebens zu erfreuen...

192 Seiten, durchgehend 4-farbig, gebunden · € [D] 29,90 · ISBN 978-3-89845-197-0

Olivia Moogk
Liebesglück-Herzkarten

Liebe, die von Herzen kommt ... bleibt mit diesem Karten-Set keine bloße Hoffnung mehr, denn es ist eine wahre Quelle der Weisheit, die uns hilft, in unseren Liebesbeziehungen glücklich zu bleiben oder genau die Art von Beziehung anzuziehen, die wir uns so sehr wünschen. Olivia Moogk versteht es meisterhaft, Situationen des alltäglichen Gefühlslebens mit einem Fragezeichen zu versehen und so Überlegungen anzustoßen, die weiter reichen als es diese schön gestalteten Herzkarten der Liebe auf den ersten Blick vermuten lassen ... Ein Kartenspiel, das wahrhaft verzaubert!

47 farbige Herzkarten in Box · € [D] 13,90 · EAN 4260075280172

136 Seiten, gebunden
vierfarbig
€ [D] 24,90
ISBN 978-3-931-652-70-8

Olivia Moogk
Beauty-Feng Shui
Die acht Säulen der Schönheit

Die Autorin, die in China studierte und seit über einem Jahrzehnt die Wissenschaft des Feng Shui lehrt, nimmt Sie mit auf eine Reise ins Beauty-Reich. Als Feng-Shui-Expertin berät sie Firmen und Privatleute rund um den Globus und hat 1998 die »International Feng Shui Research Association« gegründet. In diesem einmaligen Buch zeigt sie, wie die alte chinesische Wissenschaft mit ihren kaiserlichen Verjüngungsübungen, wohltuenden Tee-Kuren, Duftessenz-Bädern, schönen Farben und wohltuenden Formen auch das individuelle Aussehen fördern kann. Ob Kosmetikerinnen, Ernährungsberater, Psychologen oder Menschen in Gesundheitsberufen, alle werden für sich und ihre Klientel aus dem Wissensschatz dieses Buches schöpfen können.

248 Seiten, Großf.,geb.,
mit zahlreichen Abb.gen
€ [D] 39,90
ISBN 978-3-89845-077-5

Olivia Moogk & Barbara Sörries-Herrnkind
Qi-Gardens
Gärten gestalten mit Feng-Shui

Dies ist das erste Fachbuch, in dem – anhand zahlreicher Praxis-Beispiele – veranschaulicht wird, wie eng sich das 5000 Jahre alte Wissen des Feng Shui mit traditioneller Garten- und Landschaftsgestaltung verbinden lässt. Neu ist vor allem, dass der Mensch im Mittelpunkt steht und sein Geburtsdatum Hinweise auf seine elementaren Bedürfnisse in der Gartengestaltung gibt. »Qi-Gardens« ist somit ein Begriff für Gärten, in denen man sich vertraut und geborgen fühlen und die Seele baumeln lassen kann. Daneben enthält das Buch umfangreiche Planbeispiele, Pflanzenlisten, keltisches Baumwissen, Rezepte aus dem eigenen Garten u.v.m.

168 Seiten, gebunden
zweifarbig illustriert
€ [D] 14,90
ISBN 978-3-931652-54-8

Olivia Moogk
FENG SHUI –
Neun erfolgreiche Strategien für Gewinner

Bislang unbekannt war der Bagua-Imagery-Faktor, der Sie durch neun Bereiche des Denkens führt. Er animiert zur Innenschau und hilft bei der Umsetzung neu gewonnener Erkenntnisse. Das bringt Sie zu dem, was wir alle wollen, nämlich zum erfolgreichen Handeln in allen Bereichen. Für Neueinsteiger in das Thema, wie für professionelle Feng Shui-Consulter, liegt hier der Schlüssel zu dauerhaftem Erfolg. Betreten Sie die neun Erkenntnisräume und sehen Sie, auf welchem Sektor Sie noch Lücken haben und wo Sie sich bereits zufrieden zurücklehnen können. Das Buch bietet viele Inspirationen, wie Sie noch mehr Klarheit und Hilfen für die Umsetzung im täglichen Leben erlangen können.

Yves Réquena
QI GONG
Körperliche Fitness für glückliche Menschen

Was in China bereits seit langem zu den Kulturschätzen zählt, tritt nun auch seinen Siegeszug in Europa an: Qi Gong – diese einfache und doch so effektive Technik, die Körperbewegungen mit Atemtechniken kombiniert und uns ein Leben voller Vitalität garantiert.

Schlagen Sie dieses Buch auf, und entdecken Sie, wie Qi Gong Sie dabei unterstützen kann, Ihren Alltag besser zu meistern, bei der Arbeit mehr zu leisten, schöner zu tanzen, kreativer zu sein, Ihre Gesundheit zu stärken, Ihre Figur zu verändern, Ihre Sinne zu wecken ... Entdecken auch Sie Qi Gong – die »Gymnastik der glücklichen Menschen«!

144 Seiten, vierfarbig,
broschiert mit Klappe
€ [D] 22,00
ISBN 978-3-89845-127-7

Zoé Kertesz
Face Gym
Jünger aussehen durch einfache und natürliche Gesichtsgymnastik

Doppelkinn, Krähenfüße, Hängebacken… verschwinden.
Sie brauchen nur Ihr Gesicht richtig in die Hand zu nehmen!
Haben Sie noch Zweifel? Verziehen Sie das Gesicht, und rümpfen Sie die Nase? Dann sind Sie schon mitten im Training.

Dieses Buch zeigt Ihnen mit einfachen und wirkungsvollen Übungen, wie Sie ohne Schönheitschirurgie die Elastizität, die Besonderheiten und die Form Ihres Gesichts bewahren können. Behandeln Sie Ihr Gesicht nicht schlechter als den Rest Ihres Körpers. Soll es doch ruhig auch ein bisschen Face Gym machen, um seine natürliche Ausdruckskraft und jugendliche Frische zu bewahren!

136 Seiten,
broschiert mit Klappe
€ [D] 17,90
ISBN 978-3-89845-240-3

Gabriela Hilf
Aqua Blau – Lebendiges Wasser
mit energetisierter Regenbogen-Wasserkarte

Wasser als Energiespeicher ist spätestens seit Masuru Emotos Forschungen vielen ein Begriff, und auch nahezu jeder weiß, wie wichtig es ist, seinem Körper nur hochwertiges Wasser mit harmonischer Ladung zuzuführen. – Dem steht nun nichts mehr im Weg, denn Gabriela Hilf stellt in ihrem neuen Buch nicht nur eindrucksvoll vor, welch tief greifende Rolle Wasser als Balsam für Körper und Seele in unserem täglichen Leben spielt, sondern hat auch spezielle Wasser-Energie-Karten mit inliegendem Chip entwickelt, mit deren Hilfe selbst Leitungswasser zu Heilwasser umgewandelt werden kann ... Eine energetisierte Regenbogen-Energie-Karte liegt jedem Buch bei.

128 Seiten, gebunden mit
beiliegender Regenbogen-
Wasserkarte
€ [D] 17,90
ISBN 978-3-89845-246-5

Brenda Barnaby

Das Geheimnis hinter «The Secret»

Alle Geheimschlüssel der populären Botschaft, die Rhonda Byrne in ihrem Werk »The Secret – Das Geheimnis« verkündet, werden hier enthüllt, um jedem von uns Zugang zu seinem eigenen Weg zu vermitteln. Daneben enthält dieses Werk eine Sammlung von Tipps und Methoden zur Persönlichkeitsentwicklung, die von den bedeutendsten Experten unserer Zeit auf dem Gebiet des Positiven Denkens stammen. Sie halten hiermit zweifelsohne ein Buch von unschätzbarem Wert in Händen, das Ihr Leben verändern kann, wenn Sie bereit sind für ein Leben voller Erfolg, Wohlstand, Gesundheit und Harmonie.

184 Seiten, gebunden
€ [D] 17,90
ISBN 978-3-89845-242-7

Kazuo Murakami

Der göttliche Code des Lebens

Ein neues Verständnis der Genetik

Dieses in viele Sprachen übersetzte Buch ist einer der besten Beiträge zur Frage der Interaktion zwischen Genen, Umwelt und Bewusstsein. Der japanische Biowissenschaftler Murakami geht der Frage nach, ob positive Gefühle Gene aktivieren können oder, anders ausgedrückt, ob der Geist etwas mit dem körperlichen Wohlbefinden zu tun hat.

Glück, Freude, Inspiration oder Dankbarkeit können nützliche Gene aktivieren - das ist das Ergebnis der Forschungen dieses Genetikers, der seine Erkenntnisse in diesem Buch in klarer und allgemeinverständlicher Form darlegt - und so endlich der weit verbreiteten These, das Schicksal sei bereits im Genom festgelegt, eine deutliche Absage erteilt.

152 Seiten, gebunden
€ [D] 14,90
ISBN 978-3-89845-226-7

Franziska Krattinger

Ein Wort genügt!

... sich einfach umprogrammieren

Schalten Sie einfach um! – Manchmal genügt ein einziges Wort, um verborgene Haltungen ans Licht zu bringen oder Einstellungen zu ändern. Dabei gibt es spezielle Worte, die gleichsam eine magische Wirkung haben, da sie die Schlüssel zu unserem Unterbewusstsein sind: Schaltworte.

„Schalten auch Sie einfach um« – und beobachten Sie die Veränderungen in Ihrem täglichen Leben, ohne dass Sie bewusst daran denken oder eine Vorstellung der Lösung haben müssen. Nutzen Sie die Kraft, eine Situation augenblicklich im besten und idealen Sinn zu verändern

160 Seiten, broschiert
€ [D] 10,90
ISBN 978-3-89845-152-9

Weiterführende Informationen zu
Büchern, Autoren und den Aktivitäten
des Silberschnur Verlages erhalten Sie unter:
www.silberschnur.de oder durch
die Zusendung der beiliegenden *Postkarte*.

Ihr Interesse wird belohnt!